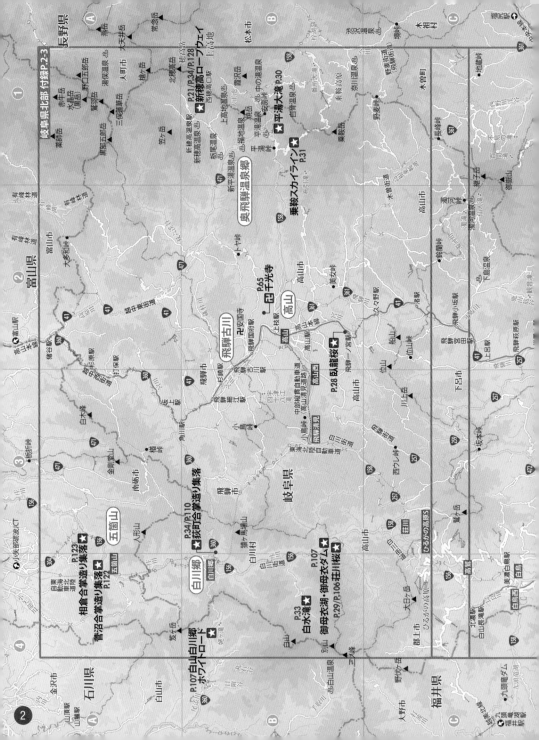

おとな旅
プレミアム
PREMIUM

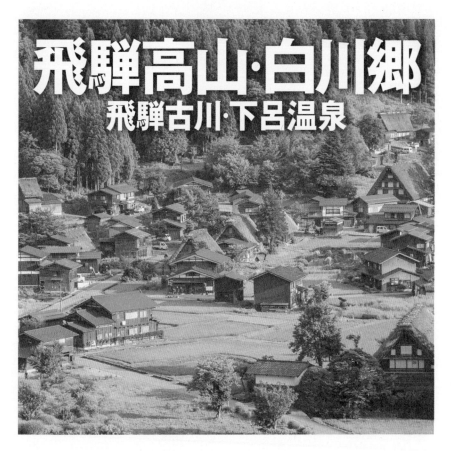

# 飛騨高山・白川郷
## 飛騨古川・下呂温泉

# MAP

おとな旅
プレミアム
PREMIUM

付録 街歩き地図

# 飛騨高山・白川郷
### 飛騨古川・下呂温泉

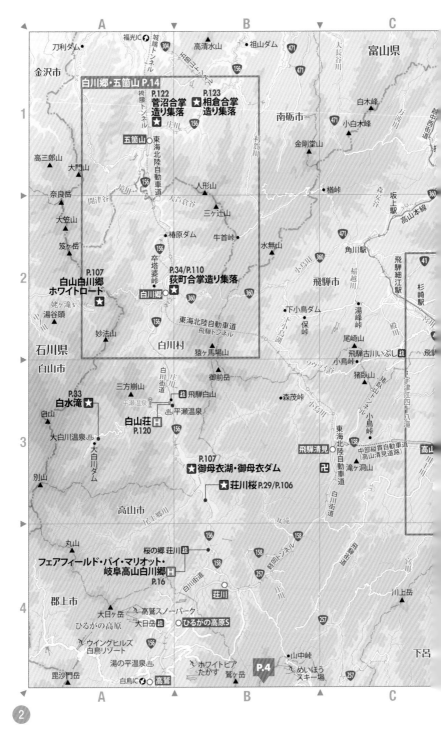

刀利ダム
福光IC
城端トンネル
304
高清水山
祖山ダム
471
大長谷川
富山県
金沢市
城端トンネル
156
471
南砺市
白川郷・五箇山 P.14
P.122
菅沼合掌
造り集落
P.123
相倉合掌
造り集落
袴腰トンネル
白木峰
471
小白木峰
方波見
五箇山
東海北陸自動車道
金剛堂山
高三郎山
大門山
156
利賀川
奈良岳
開津谷
大芦倉谷
人形山
楢峠
坂上駅
360
大笠山
三ヶ辻山
牛首峠
高山本線
笈ヶ岳
椿原ダム
水無山
飛騨細江駅
360
卒塔婆山
156
P.34/P.110
荻町合掌造り集落
471
角川駅
杉崎駅
41
P.107
白山白川郷
ホワイトロード
白川郷
360
360
飛騨市
稲越川
姥ヶ滝
下小鳥ダム
湯峰峠
飛騨
湯谷頭
妙法山
東海北陸自動車道
飛騨トンネル
保峠
尾崎山
殿川
飛騨古川いぶし
石川県
白川村
猿ヶ馬場山
小鳥峠
飛騨古川いぶし
猿投山
宇津江四十八滝
白山市
御前岳
白川
街道
飛騨白山
森茂峠
東海北陸自動車道
小鳥峠
P.33
白水滝
三方崩山
飛騨白山
平瀬温泉
白山荘
P.120
平瀬温泉
156
飛騨清見
中部縦貫自動車道
(高山清見道路)
高山
白山
大白川温泉
P.107
御母衣湖・御母衣ダム
荘川桜 P.29/P.106
滝ヶ洞山
別山
大白川ダム
庄川
白川
街道
高山市
庄川
女滝
158
丸山
156
桜の郷 荘川
158
荘川
軽岡トンネル
257
宮川
川上岳
フェアフィールド・バイ・マリオット
岐阜高山白川郷
H
P.16
白山街道
荘川
257
下呂
郡上市
大日ヶ岳
高鷲スノーパーク
ひるがの高原
大日岳
ひるがの高原S
山中峠
ウイングヒルズ
白鳥リゾート
156
めいほう
スキー場
257
湯の平温泉
ホワイトピア
たかす
鷲ヶ岳
P.4
毘沙門岳
白鳥IC
高鷲

2

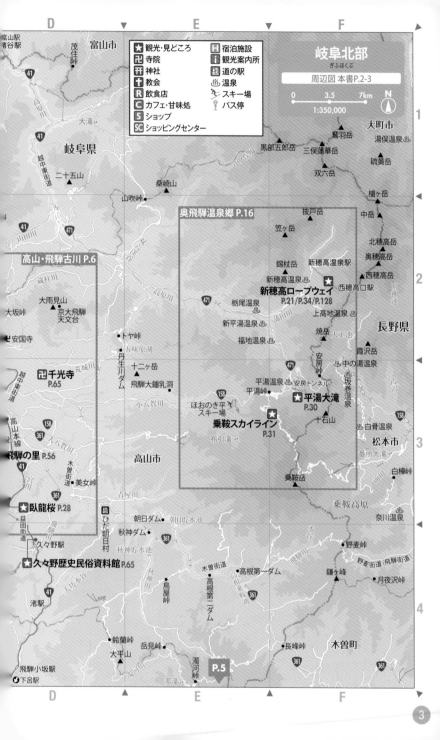

岐阜北部
ぎふほくぶ

周辺図 本書P.2-3

0　3.5　7km
1:350,000
N

**凡例**

| ★ 観光・見どころ | H 宿泊施設 |
| 卍 寺院 | i 観光案内所 |
| 卌 神社 | 道の駅 |
| ✝ 教会 | ♨ 温泉 |
| R 飲食店 | スキー場 |
| C カフェ・甘味処 | バス停 |
| S ショップ | |
| SC ショッピングセンター | |

富山駅
者谷駅
茂住峠
富山市

41

岐阜県

大滝

41
高原川
越中東街道
二十五山

471

桑崎山

山吹峠

大町市
湯俣温泉♨

鷲羽岳
黒部五郎岳
三俣蓮華岳
硫黄岳
双六岳

槍ヶ岳

抜戸岳
中岳

笠ヶ岳
北穂高岳
奥穂高岳
西穂高岳

奥飛騨温泉郷 P.16

錫杖岳
新穂高温泉駅
西穂高口駅

新穂高温泉♨
★新穂高ロープウェイ
P.21/P.34/P.128

栃尾温泉♨
上高地温泉♨

長野県

新平湯温泉♨
福地温泉♨

焼岳
霞沢岳
中の湯温泉♨

高山・飛騨古川 P.6

大坂峠
大雨見山
京大飛騨
天文台

安国寺

千光寺
P.65

越中東街道

高山本線

158
361

飛騨の里 P.56

★臥龍桜 P.28

飛騨
益田街道

久々野駅

渚駅

★久々野歴史民俗資料館 P.65

41

籠柱川

トヤ峠

十二ヶ岳

飛騨大鍾乳洞

高山市

美女峠

朝日ダム
秋神ダム
秋神貯水池

鈴蘭峠
岳見峠
大平山

飛騨小坂駅
下呂駅

丹生川ダム
五味原湖
丹生川

小八賀川

471

ほおのき平
スキー場
布引滝

158

平湯温泉♨
平湯峠

安房峠
安房トンネル

★平湯大滝
P.30

十石山

★乗鞍スカイライン
P.31

乗鞍岳

坂巻温泉♨
白骨温泉♨

158

松本市
番所大滝

白樺峠

乗鞍高原

奈川温泉♨

野麦峠
野麦街道(飛騨街道)

鎌ヶ峰
月夜沢峠

朝日貯水池

361

木曽街道
美女峠

高根第一ダム

高根第二ダム

木曽街道

361

361

P.5

長峰峠

木曽町

361

361

ひだ朝日村

濁河峠
濁滝

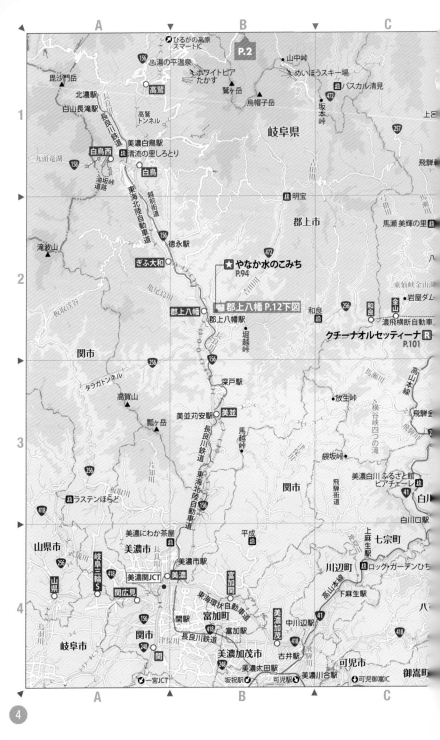

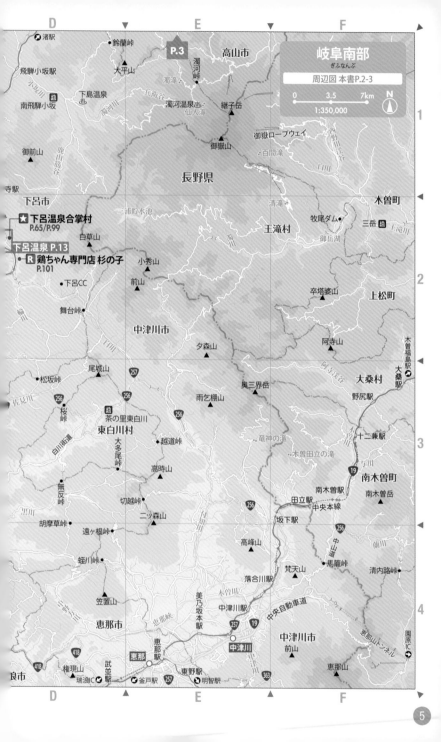

岐阜南部
ぎふなんぶ
周辺図 本書P.2-3
0    3.5    7km
1:350,000   N

渚駅
鈴蘭峠
P.3
濁河峠
高山市
飛騨小坂駅
大平山
濁滝
継子岳
南飛騨小坂
下島温泉
濁河温泉
仙人滝
御嶽ロープウェイ
御嶽山
百間滝
御前山
長野県
木曽町
寺駅
牧尾ダム
下呂市
三岦
★ 下呂温泉合掌村
P.65/P.99
白草山
王滝村
御岳湖
下呂温泉 P.13
小秀山
卒塔婆山
上松町
🅡 鶏ちゃん専門店 杉の子
P.101
前山
下呂CC
舞台峠
阿寺山
木曽福島駅
大桑駅
中津川市
夕森山
奥三界岳
大桑村
野尻駅
尾城山
257
松坂峠
256
雨乞棚山
256
十二兼駅
桜峠
茶の里東白川
竜神の滝
木曽田立の滝
19
東白川村
大多尾峠
越道峠
南木曽町
無反峠
高時山
南木曽駅
南木曽岳
胡摩草峠
切越峠
田立駅
中央本線
遠ヶ根峠
二ッ森山
坂下駅
256
蛭川峠
高峰山
中山道
馬籠峠
清内路峠
笠置山
梵天山
落合川駅
恵那市
美乃坂本駅
中津川駅
257
19
中津川市
恵那峡
前山
中央自動車道
恵那山トンネル
418
権現山
武並駅
恵那駅
257
中津川
園原IC
良市
瑞浪IC
釜戸駅
東野駅
明智駅
363
恵那山

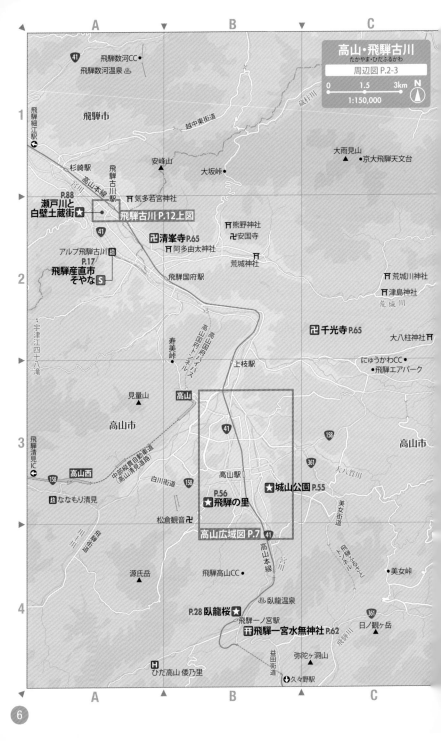

高山・飛騨古川
たかやま・ひだふるかわ
周辺図 P.2-3
0　1.5　3km
1:150,000
N

飛騨細江駅

41 飛騨数河CC
飛騨数河温泉

飛騨市

杉崎駅
越中東街道
高山本線
飛騨古川駅

大雨見山
大坂峠　京大飛騨天文台

安峰山

P.88
瀬戸川と
白壁土蔵街 ★ 飛騨古川 P.12上図

41

気多若宮神社

熊野神社
安国寺

清峯寺 P.65
阿多由太神社

荒城神社

荒城川神社
津島神社
荒城川

アルプ飛騨古川
P.17
飛騨産直市
そやな S

飛騨国府駅

飛騨国府バイパス
高山国府トンネル

寿美峠

上枝駅

千光寺 P.65
大八柱神社

にゅうかわCC
飛騨エアパーク

見量山

宇津江四十八滝

高山

高山市

高山市

41

飛騨清見IC

158 高山西

中部縦貫自動車道
（高山清見道路）

白川街道 158

361

高山駅

大八賀川

ななもり清見

P.56
★ 飛騨の里

★ 城山公園 P.55

松倉観音

美女街道

高山広域図 P.7 41

飛騨ふれあい
トンネル

美女峠

源氏岳

飛騨高山CC

高山本線

臥龍温泉

P.28 臥龍桜 ★

飛騨一ノ宮駅

日ノ観ヶ岳

361

飛騨一宮水無神社 P.62

弥陀ヶ洞山

H ひだ高山 倭乃里

益田街道

久々野駅

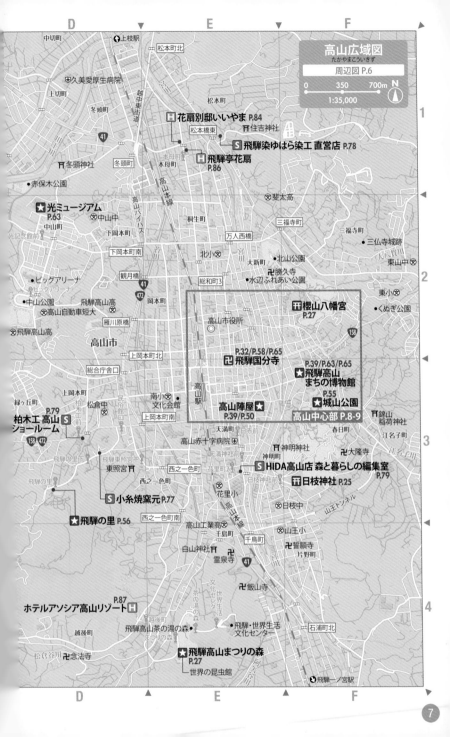

中切町
上枝駅
松本町北

久美愛厚生病院
上切町
冬頭町
松木町

越中東街道

松本橋東

住吉神社

H 花扇別邸いいやま P.84

S 飛騨染ゆはら染工 直営店 P.78

41

冬頭神社
冬頭町

赤母衣町

木母町

H 飛騨亭花扇
P.86

赤保木公園

斐太高

★ 光ミュージアム
P.63

高山本線

桐生町

三福寺町

三福寺町

光記念館前

中山中

高山バイパス

万人西橋

三仏寺城跡

中山町

下岡本町

北小

大新町

北山公園

天八賀川

東山中

下岡本町南

観月橋

勝久寺

水辺ふれあい公園

ビッグアリーナ

41

総和町3

ビックアリーナ

東小

中山公園

472

岡本町

くぬぎ公園

高山自動車短大

飛騨高山高

雁川原橋

櫻山八幡宮
P.27

飛騨高山高

高山市

上岡本町北

高山市役所

158

総合庁舎口

P.32/P.58/P.65
卍 飛騨国分寺

上本町

P.39/P.63/P.65

緑ヶ丘

P.79
柏木工 高山
S ショールーム
158 472

松倉中

民俗館口

文化会館

南小

高山駅

★ 飛騨高山
まちの博物館

P.55

★ 城山公園

錦山
稲荷神社

江名子町

飛騨の里口

飛騨東照宮

上岡本町南

天満町

白山前

★ 高山陣屋 ★
P.39/P.50

高山中心部 P.8-9

東照宮 卍

高山赤十字病院

西之一色町

天満神社前

神明神社

神明町

S HIDA高山店 森と暮らしの編集室
P.79

大隆寺

春日町

飛騨の里

S 小糸焼窯元 P.77

花里小

日枝神社前

日枝神社 P.25

山王トンネル

★ 飛騨の里 P.56

西之一色町南

高山工業高

千島町

千鳥町

日枝中

日枝神社 P.25

山王小

誓願寺

片野町

白山神社

霊泉寺

41

ホテルアソシア高山リゾート
P.87
H

飯山寺

念法寺

越後町

飛騨高山茶の湯の森

文化生活
文化センター

飛騨・世界生活

石浦町北

松倉谷川

ぼうりの森

★ 飛騨高山まつりの森
P.27

飛騨一ノ宮駅

世界の昆虫館

飛騨牛料理店 鳩谷 **R** P.71
宮地家住宅 **★** P.53

P.39/P.53
吉島家住宅

P.53日下部民藝

高山本線

上枝駅

基準監督署前

靈雲寺 卍

飛騨総社 卍

西小北

総社

石楠花の花 **H**

清見会宙前

大新町2

宮前橋

八幡宮

**P**市営花岡駐車場

高山市役所 ◎

高山市休日診療所 ✚

✖ 西小

弥生橋

寿美吉館 **H**

桜花 **H**

市役所前

花岡町(2)

岐阜刑務所
高山拘置支所

検察庁

裁判所

かとう旅館 **H**

西小南

ひだホテルプラザ **H**
旅館あすなろ **H**
P.86
ひだホテルプラザ **H**
皆美館

花岡町

不遠寺 卍

P.39/P.80
飛騨高山宮川朝市 **S**

光明寺 卍

フォーシーズン **H**

**R**レストラン
ブルボン

本町(3) 行神社

ホテルアラウンド高山 **H**

昭和
児童公園

AYUN高山セントラル **H**

P.32/P.58/P.65
飛騨国分寺 卍

有形文化財の宿 **H**
旅館かみなか P.85

三重塔

大イチョウ

二番街

桑谷屋 **H**

EaTown飛騨高山

**R** 本郷

本町3

朝日町本通り

つづみそば **R** P.74

市民広場

旅館喜十郎屋 **H**

みかど **R** P.72

本町

一番街

やよい通り

鍛冶

P.17 FAV HOTEL
飛騨高山EAST **H**

昭和(1)

高山駅北

旅館いろは **H**

国分寺通り

国分寺西

国分寺

国分寺東

花里通り

P.87
おやど古都の夢 **H**

BISTRO mieux **R**
P.69

ハラサイクル
P.140

朝日町

味処 萬代角店 **R**
P.73 清龍 **H**

旅館田邊 **H**

花川町

駅前中央通り

高山まちなか屋台村 でこなる横丁

高山濃飛
バスセンター

飛騨高山観光案内所 **i**

高信駅西
支店前

高山駅

高山駅東口

高山駅南

カントリー **H**

ベストウエスタン
**R** 小舟 P.75

松山 **H**

ワシントン **H**
ホテルプラザ

スーパー **H**
ケイズハウス **H**

旅館まつ井 **H**

花里町(4)

名田町5

**P**

高山局 **H**

名田町

郵便局前

アルピナ **H**

NHK高山支局

神通寺 卍

広小路通り

加藤医院前

加藤医院前

本町(1)

P.3
**★** 高

高山本線

P.17
メルキュール 飛騨高山 **H**

158

名田町4

八軒町

善光寺 卍

日赤北

陣屋

飛騨一ノ宮駅

高山中心部
たかやまちゅうしんぶ

周辺図 P.7

0　　50　　100m
1:7,000
N

八幡町

★ 高山祭屋台会館 P.27

⛩ 櫻山八幡宮 P.27

S 山田春慶店 P.78

卍 相應院

平湯温泉 ♨

桜町

P.16
ラグジュアリーヴィラ谷屋

R 京や P.73

⛩ 東山白山神社

暎芳寺前
桜町

暎芳寺 卍 称讃寺

長坂辻
158

幡局

鉄砲町

C 茶房 卯さぎ P.42

H ばぁばのお宿

卍 高山別院
鉄砲町

卍 久昌寺

卍 雲龍寺
卍 豊川稲荷栄鏡院

愛宕町

C R 布久庵 P.42

卍 専念寺

蓮乗寺 卍

卍 大雄寺 P.54

高信本店前

卍 真蓮寺　卍 了泉寺

S なべしま銘茶 P.83

卍 圓龍寺

別院前

宝橋

洞雲院 卍

卍 素玄寺 P.54/P.65

安川通り

江名子川

素玄寺前

東山神明神社 ⛩

158
安川

安川

• 高山市図書館煥章館

卍 天照寺
天性寺町

古い町並口

煥章館前

吹屋町

H 天照寺ユースホステル

上三之町

• 藤井美術民芸館

P.39/P.63/P.65
★ 飛騨高山まちの博物館
R 角正 P.66

卍 法華寺

P.54
卍 善応寺

上二之町

まちの博物館前

吹屋町

H 山久

桔梗橋

さんまち通り
上一之町

S 平瀬酒造店 P.49

卍 宗猷寺 P.55

さんまち通り
上一之町

堀端町

宗猷寺前

川上別邸史跡公園 •

東橋

⊕ 上一之町局

⛩ 飛騨護國神社

橋

宗猷寺町

★

H 二人静 白雲

市政記念館

H 宝生閣

★ 城山公園 P.55

錦橋

錦町口

京町

卍 照蓮寺

清伝寺 卍

古い町並 P.10-11

神明町(3)

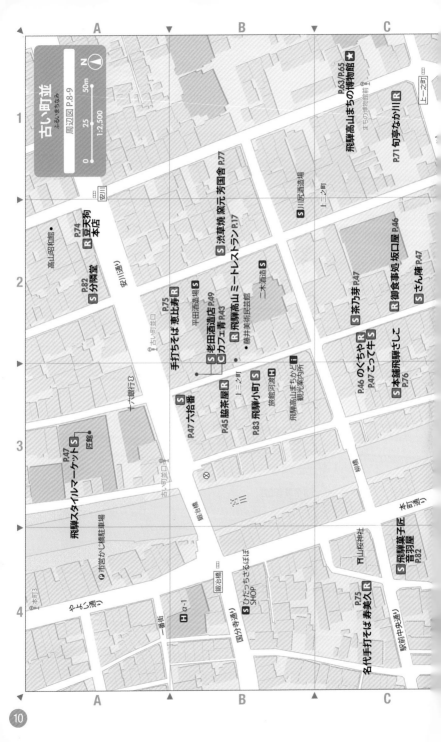

# 古い町並

ふるいまちなみ

周辺図 P.8-9

縮尺 1:2,500

0　25　50m

N

飛騨高山まちの博物館 P.63/P.65 ★

P.71 旬亭なかがわ R

まちの博物館前

上一之町

高山昭和館

P.74 豆天狗 本店 R

S 渋草焼窯元芳国舎 R P.77

P.82 分隣堂 S

川尻酒造場 S

上二之町

手打ちそば 恵比寿 R P.75

平田酒造場 S

R 飛騨高山ミートレストラン P.17

カフェ青 C 老田酒店 P.49 S

藤井美術民芸館

二木酒造 S

茶乃芽 S P.47

御食事処 坂口屋 P.46 R

さん陣 P.47 S

P.46 のぐちや R

P.47 こって牛 S

本舗飛騨さしこ S P.76

安川通り

古い町並口

十六銀行 R

上三之町

旅館河渡 H

飛騨小町 P.83 S

脇茶屋 P.45 S

P.47 六拾番 S

飛騨高山まちかど観光案内所 i

飛騨スタイルマーケット P.47 S

匠館

古い町並口

市営かじ橋駐車場 P

鍛冶橋

本町2

宮川

柳橋

本町通り

飛騨菓子匠 音羽屋 P.82 S

日山桜神社

やよい通り

本町3

一番街

国分寺通り

鍛冶橋

ひだっちさるぼぼSHOP S

α-1 H

名代手打ちそば 寿美久 R P.75

駅前中央通り

A　B　C

10

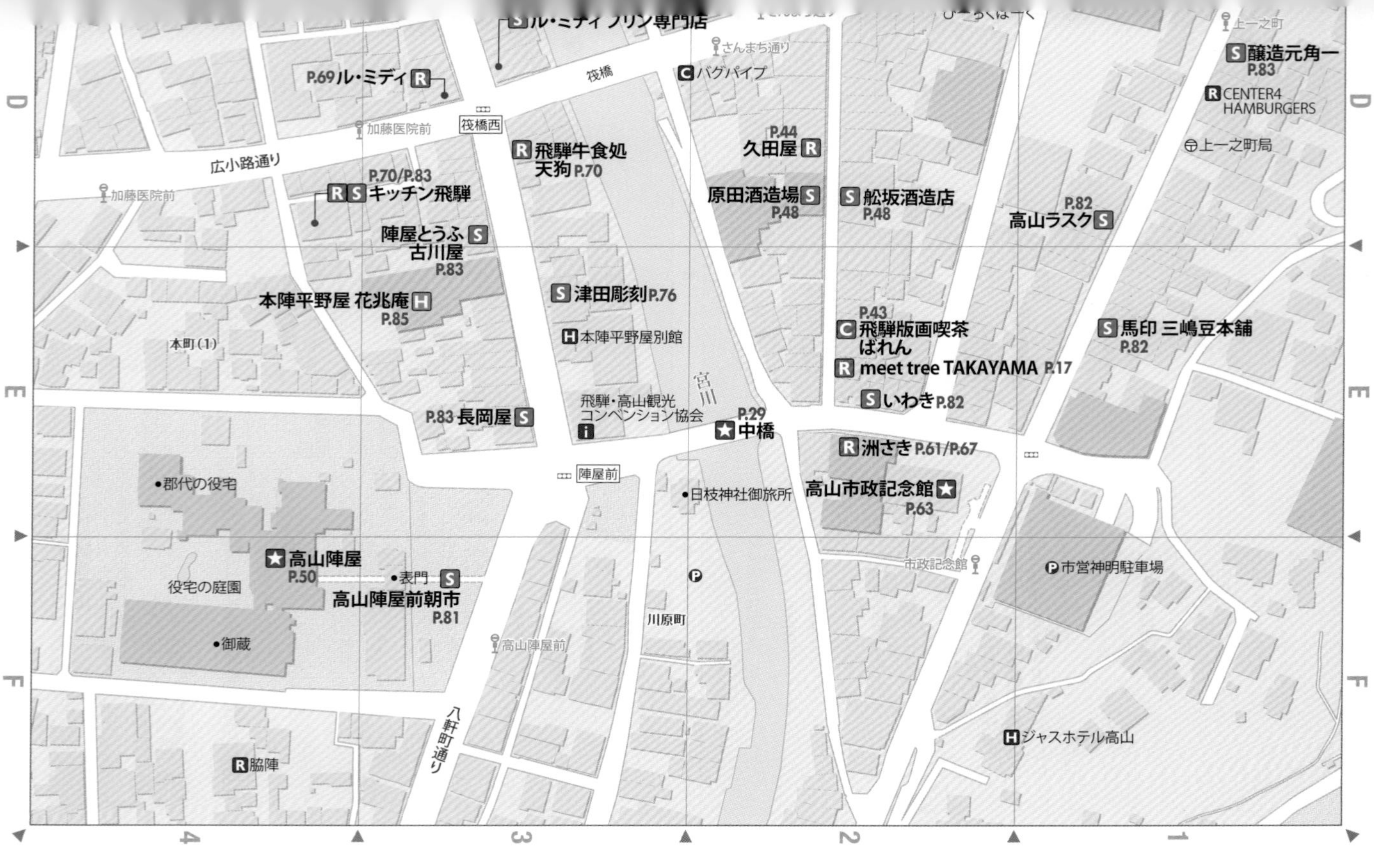
ル・ミディ プリン専門店
さんまち通り
上一之町
醸造元角一 P.83
CENTER4 HAMBURGERS
上一之町局
P.69 ル・ミディ
筏橋
バグパイプ
筏橋西
加藤医院前
広小路通り
飛騨牛食処 天狗 P.70
久田屋 P.44
P.70/P.83 キッチン飛騨
原田酒造場 P.48
舩坂酒造店 P.48
高山ラスク P.82
陣屋とうふ 古川屋 P.83
本陣平野屋 花兆庵 P.85
津田彫刻 P.76
本陣平野屋別館
飛騨版画喫茶 ぱれん P.43
meet tree TAKAYAMA P.17
馬印 三嶋豆本舗 P.82
本町(1)
宮川
飛騨・高山観光 コンベンション協会
いわき P.82
P.83 長岡屋
中橋 P.29
洲さき P.61/P.67
陣屋前
日枝神社御旅所
高山市政記念館 P.63
郡代の役宅
高山陣屋 P.50
表門
役宅の庭園
高山陣屋前朝市 P.81
市政記念館
市営神明駐車場
御蔵
高山陣屋前
川原町
八軒町通り
脇陣
ジャスホテル高山
D
E
F
1
2
3
4

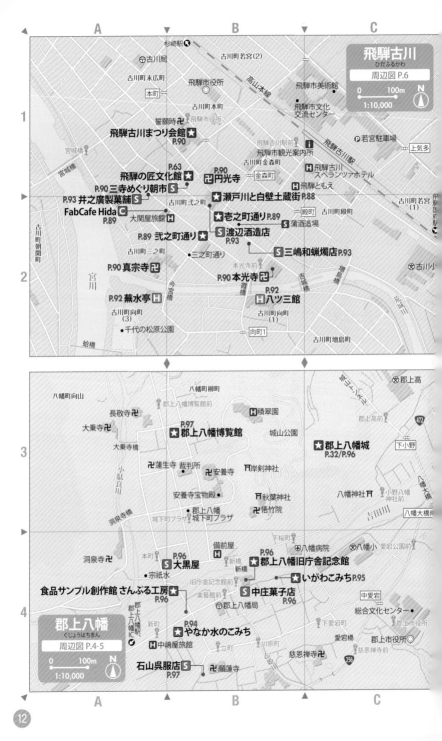

# 飛騨古川

ひだふるかわ

周辺図 P.6

0 100m
1:10,000
N

杉崎駅
古川町若宮(2)
古川局
古川町末広町
飛騨市役所
本町
古川町本町
飛騨市美術館
飛騨市文化
交流センター
誓願時卍 飛騨市役所
★ 飛騨古川まつり会館
P.90
飛騨古川駅前
飛騨市観光案内所
若宮駐車場
上気多
飛騨古川駅
P.63
★ 飛騨の匠文化館
P.90 円光寺 卍 P.90
古川町金森町
飛騨古川
スペランツァホテル
古川町若宮
(1)
宮城橋
P.90 三寺めぐり朝市 S
P.93 井之廣製菓舗 S
FabCafe Hida C
P.89
★ 瀬戸川と白壁土蔵街 P.88
飛騨ともえ
古川町弐之町
大関屋旅館 H
★ 壱之町通り P.89
殿町
古川町殿町
古川町若宮
(1)
S 渡辺酒造店
蒲酒造場
P.89 弐之町通り ★
P.93
古川町三之町
S 三嶋和蝋燭店 P.93
三之町通り
本光寺前
古川小
宮川
P.90 真宗寺 卍
吉城橋
増島城址
P.90 本光寺 卍
P.92
古川町向町
宮川
P.92 蕪水亭 H
卍 八ツ三館
(1)
古川町向町
(3)
向町1
古川町増島町
千代の松原公園
蛤橋

---

八幡町向山
八幡町柳町
郡上高
郡上八幡博覧館前
長敬寺 卍
積翠園 H
堀之上
城山公園
472
郡上高前
大乗寺 卍
★ 郡上八幡博覧館
P.97
★ 郡上八幡城
P.32/P.96
下小野
大乗寺橋
卍 蓮生寺 裁判所
卍 安養寺
丁 岸剣神社
小駄良川
八幡神社 丁
小野八幡
神社前
洞泉寺橋
安養寺宝物殿
丁 秋葉神社
郡上八幡
城下町プラザ 城下町プラザ
卍 悟竹院
吉田川
八幡大橋
八幡大橋前
下桜町
八幡病院 H
八幡小 愛宕公園前
備前屋
新橋 H
P.96
洞泉寺 卍
本町
S 大黒屋
新橋
P.96
郡上八幡旧庁舎記念館
愛宕橋
宗祇水
P.96
旧庁舎記念館前
◆ いがわこみち P.95
中愛宕
食品サンプル創作館 さんぷる工房
P.96
郡
上
八
幡
駅
郡
上
八
幡
IC
薬藝館前
S 中庄菓子店
P.96
総合文化センター
中愛宕
郡上八幡局
下愛宕町
郡上市役所
新町
★ やなか水のこみち
P.94
川原町
愛宕橋

---

下呂温泉
げろおんせん
周辺図 P.4-5

0　100　200m
1:12,000
N

13

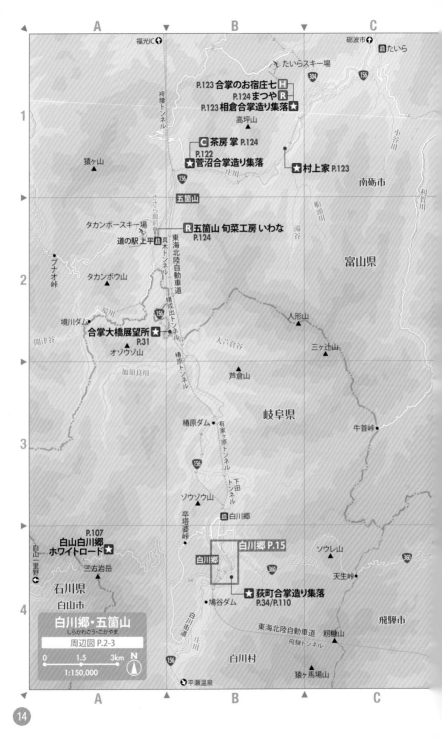

白川郷・五箇山

| A | B | C |
|---|---|---|

福光IC

袴腰トンネル

たいらスキー場

砺波市 塩 たいら

304

156

P.123 合掌のお宿庄七 H
P.124 まつや R
P.123 相倉合掌造り集落 ★

高坪山

小谷川

1

猿ヶ山

C 茶房 掌 P.124

P.122
★ 菅沼合掌造り集落

★ 村上家 P.123

南砺市

156

五箇山

船頭川

湯谷

利賀川

タカンボースキー場

R 五箇山 旬菜工房 いわな
P.124

道の駅 上平 塩

さきの館前

真木トンネル

東海北陸自動車道

富山県

2

ブナオ峠

タカンボウ山

椿成出トンネル

人形山

境川

156

三ヶ辻山

境川ダム

開津谷

★ 合掌大橋展望所
P.31

大芦倉谷

オゾウゾ山

椿原トンネル

加須良川

岐阜県

牛首峠

▶

椿原ダム

有家ヶ原トンネル

下田トンネル

3

156

ゾウゾウ山

芦倉山

卒塔婆峠

塩 白川郷

P.107
白山白川郷
ホワイトロード ★

白山・里野

白川郷 P.15

白川郷

360

ソウレ山

▶

石川県

三方岩岳

塩 白川郷

★ 荻町合掌造り集落
P.34/P.110

天生峠

360

飛騨市

白山市

鳩谷ダム

東海北陸自動車道

籾糠山

飛騨トンネル

4

白川郷・五箇山
しらかわごう・ごかやま

周辺図 P.2-3

0  1.5  3km

1:150,000

N

白川街道

庄川

白川村

猿ヶ馬場山

156

平瀬温泉

| A | B | C |
|---|---|---|

白川郷
しらかわごう

周辺図 P.14

0　100　200m
1:10,000
N

D

E

F

五箇山

五箇山IC

SHIRAKAWAGO TERRACE
H

鳩谷
白川橋
白川橋

鳩谷八幡神社 ⛩

S デイリーヤマザキ

飛騨白川郷スマートIC

旅館
すみれ荘

白荻橋

156

P.117
ます園 文助 R

360 越中西街道

H 大田屋

荻町城跡・
展望台

城山天守閣
展望台

i 白川郷観光案内所

荻町橋
荻町
白川郷バスターミナル

H 白川郷の湯

R お食事処 いろり P.116

P.107
白山白川郷
ホワイトロード ★

P 寺尾臨時駐車場

荻町トンネル

庄川

★ 和田家 P.112
S こびき屋 P.119

H 文六

東海北陸自動車道

P.121
合掌乃宿孫右ヱ門 H

大谷トンネル

156

せせらぎ公園駐車場 P

合掌造り焔仁美術館・

であい橋

P 美然ゆめろむ館・

荻町合掌造り集落 ★
P.34/P.110

一茶 H
P.121

i
総合案内所であいの館

白川郷

★ 神田家 P.113
P.118 落人 C

利兵衛
H

幸ヱ門 H
与四郎 H

P.113
神田家 ★

★ 長瀬家 P.113
R 手打ちそば処 乃むら P.117

C 文化喫茶 郷愁 P.118

H かんじゃ P.121

卍明善寺

小呂トンネル

P.119 恵びす屋 S

★
野外博物館
合掌造り民家園
P.115

のだにや H

どぶろく祭りの館・

★ 明善寺郷土館 P.115

⛩ 白川八幡神社

荻町

P.121 十右ヱ門 H

志みづ H

白川村

15

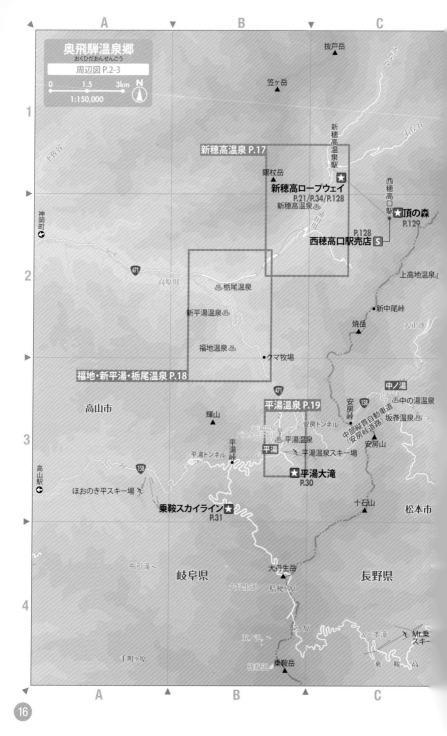

奥飛騨温泉郷
おくひだおんせんごう
周辺図 P.2-3
0　1.5　3km
1:150,000
N

抜戸岳

笠ヶ岳

下佐谷

神岡町

新穂高温泉 P.17

新穂高温泉駅

新穂高ロープウェイ
P.21/P.34/P.128

錫杖岳

新穂高温泉

西穂高口駅

★頂の森
P.129

P.128
西穂高口駅売店 S

高原川

471

栃尾温泉

新平湯温泉

福地温泉

福地・新平湯・栃尾温泉 P.18

クマ牧場

上高地温泉

新中尾峠

焼岳

大正池

高山市

輝山

471

平湯温泉 P.19

平湯バスターミナル

平湯温泉

平湯

平湯トンネル

平湯峠

安房トンネル

安房峠

中部縦貫自動車道
（安房峠道路）

中ノ湯
中の湯温泉

坂巻温泉

安房山

158

平湯温泉スキー場

★平湯大滝
P.30

高山駅

158

ほおのき平スキー場

乗鞍スカイライン ★
P.31

十石山

松本市

布引滝

岐阜県

大丹生岳

桔梗ヶ原

長野県

大丹生池

五ノ池

千町ヶ原

畳平

三本滝

Mt乗鞍
スキー

栃東池

乗鞍岳

乗鞍高

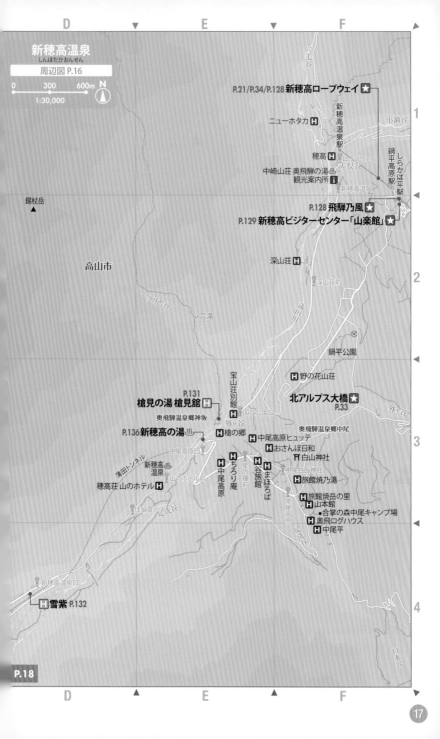

# 新穂高温泉
しんほたかおんせん

周辺図 P.16

0　300　600m
1:30,000
N

P.21/P.34/P.128 新穂高ロープウェイ ★

ニューホタカ H

新穂高温泉駅

小鍋谷

穂高

ロープウェイ
資料館

しらかば平駅

鍋平高原駅

中崎山荘 奥飛騨の湯
観光案内所 i

新穂高温泉

P.128 飛騨乃風 ★
P.129 新穂高ビジターセンター「山楽館」 ★

錫杖岳 ▲

高山市

クリ谷

穴滝

深山荘 H

深山荘前

油川

鍋平公園 W

H 野の花山荘

宝山荘別館

P.131
槍見の湯 槍見館 H

国立公園口

北アルプス大橋 ★
P.33

外ヶ谷

奥飛騨温泉郷神坂

P.136 新穂高の湯

H 槍の郷

奥飛騨温泉郷中尾

H 中尾高原ヒュッテ

H おさんぽ日和

中尾高原口

蒲田トンネル

新穂高温泉

穂高荘 山のホテル H

山のホテル前

H ちろり庵

H 中尾高原

星の鐘前

H まほろば

H 谷旅館

中尾白山神社

白山神社 Ħ

H 旅館焼乃湯

H 旅館焼岳の里
H 山本館

中尾高原

合掌の森中尾キャンプ場
●奥飛ログハウス

H 中尾平

新穂高温泉口

H 雪紫 P.132

P.18

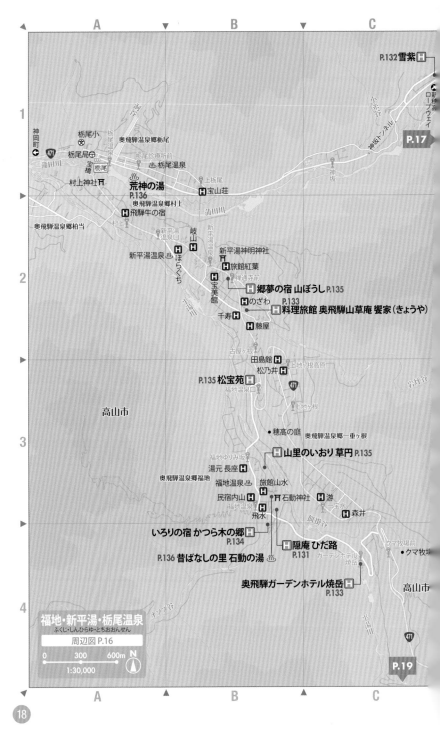

P.132 雪紫 🏨

新穂高
ロープウェイ

P.17

A　　　　　　B　　　　　　C

1

神岡町 ⬅
栃尾小 ⊗
栃尾局 🏣
村上神社 ⛩
栃尾温泉
奥飛騨温泉郷栃尾
荒神の湯
P.136
奥飛騨温泉郷村上
🏨 飛騨牛の宿
宝山荘 🏨

奥飛騨温泉郷柏当

岐山 🏨

2

新平湯温泉
🏨 ほらぐち
宝葉館 🏨
千寿 🏨
新平湯神明神社 ⛩
🏨 旅館紅葉
🏨 郷夢の宿 山ぼうし P.135
🏨 のざわ
P.133
🏨 料理旅館 奥飛騨山草庵 饗家（きょうや）
🏨 藤屋

田島館 🏨
松乃井 🏨
上地ヶ根高原

P.135 松宝苑 🏨
福地温泉口

高山市

3

穂高の庭
奥飛騨温泉郷一重ヶ根

🏨 山里のいおり 草円 P.135

福地ゆりみ坂
湯元 長座 🏨
奥飛騨温泉郷福地
福地温泉
民宿内山 🏨
飛水
旅館山水 🏨
石動神社 ⛩
🏨 游
🏨 森井

いろりの宿 かつら木の郷 🏨
P.134
P.136 昔ばなしの里 石動の湯 ♨
隠庵 ひだ路 🏨
P.131
ガーデンホテル
焼岳

クマ牧場前
クマ牧場

高山市

奥飛騨ガーデンホテル焼岳 🏨
P.133

4

福地・新平湯・栃尾温泉
ふくじ・しんひらゆ・とちおおんせん
周辺図 P.16
0　　300　　600m　N
1:30,000

P.19

A　　　　　　B　　　　　　C

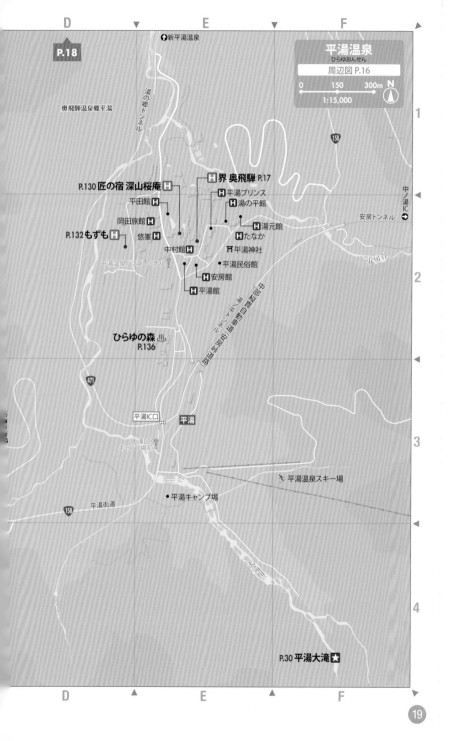

↑新平湯温泉

奥飛騨温泉郷平湯

湯の郷トンネル

平湯温泉
ひらゆおんせん
周辺図 P.16

0    150    300m    N
1:15,000

158

中ノ湯IC ◀

H 界 奥飛騨 P.17

安房トンネル →

P.130 匠の宿 深山桜庵 H
平田館 H
岡田旅館 H
P.132 もずも H
悠峯 H
中村館 H

平湯温泉バスターミナル

安房館 H
平湯館 H

ひらゆの森 ♨
P.136

471

平湯IC口
平湯

大滝口
キャンプ場前

平湯温泉スキー場

平湯街道
158
平湯キャンプ場

H 平湯プリンス
H 湯の平館
H 湯元館
H たなか
平湯神社
平湯民俗館

P.30 平湯大滝 ★

19

とりはずして使える

# MAP

おとな旅
プレミアム
PREMIUM

付録 街歩き地図

# 飛騨高山・白川郷

## 飛騨古川・下呂温泉

JN015283

切り取り線

TAC出
TAC PUBLISHIN

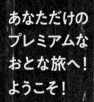

あなただけの
プレミアムな
おとな旅へ!
ようこそ!

SIGHTSEEING

山あいに
合掌造りの家屋
が残り、日本の原
風景が広がる

荻町合掌造り集落 ➡ P.110

# HIDATAKAYAMA SHIRAKAWAGO

飛騨高山・白川郷への旅

# 清冽な自然、端正な村と町
# 季節を呼吸する美しい日本

高山の豪壮な町家建築を眺め、古
い町を歩いたら、観光化されていな
い飛騨古川へ向かうといい。古風
なたたずまいの町は静かで、おとな
旅の、しっとりした散策に格好だ。
その後は山深い奥飛騨で湯に浸
かるのもよし、下呂温泉で絶品の
そばを食すのもいいが、車ならば
世界遺産の白川郷も、清流の町郡
上八幡も遠くない。それぞれのス
ポットへの道中も素晴らしい。山肌
は四季それぞれに美しい装いを見
せる。飛騨の魅力は自然と町が見
事に融合している風情だろう。

SIGHTSEEING

家並み、石畳、
張りめぐらされた
水路に風情が
漂う城下町

郡上八幡 ➡ P.94

山あいで営まれた
ていねいな暮らしの風景

碁盤の目のように整備
された町に、伝統的な白
壁土蔵が並ぶ飛騨古川

SIGHTSEEING

町には城下
町として栄えた
江戸時代の情緒
が色濃く残る

古い町並 →P.38

5

## 自然の息吹が間近に迫る 名峰や緑深い山里への旅

奥飛騨温泉郷の立ち寄り湯で湯めぐりを満喫

SIGHTSEEING

ロープウェイや展望台から、北アルプスの雄大な風景が楽しめる

**新穂高ロープウェイ** ➡ P.128

SIGHTSEEING

全長150m、高さ70mの橋が中尾高原と鍋平園地を結ぶ

**北アルプス大橋** ➡ P.33

10月下旬から12月中旬頃には朝霧に包まれた幻想的な郡上八幡城が見られることも

土地の恵みを生かした
滋味深い美味を堪能

GOURMET

古い町並の
散策途中に、趣
ある町家カフェで
ひと休み

飛騨地方に伝わる郷土料理
や飛騨牛のステーキに舌鼓

カフェ青 ➡ P.43

# CONTENTS

# 高山周辺の街とスポット

エリアと観光のポイント

# 飛騨高山・白川郷はこんなところです

山々が連なり美しい清流が流れる自然に包まれた飛騨エリア。
伝統文化や歴史の宝庫でもあり、「日本の心のふるさと」を想起させる。

## 暮らしの知恵と文化が今も根付く合掌造りの集落

### 白川郷・五箇山 → P.105
しらかわごう・ごかやま

↑勾配の急な屋根を特徴とする住居が残る

豊かな自然と伝統文化が織りなす飛越地域の集落群。「白川郷・五箇山の合掌造り集落」として世界文化遺産に登録されており、年間を通して多くの観光客が訪れる。

↑白川郷の合掌造り家屋。手のひらを合わせたような茅葺き屋根が印象的

| 観光のポイント | 荻町合掌造り集落 ▶P.110 | 和田家 ▶P.112 |
| | 菅沼合掌造り集落 ▶P.122 | 相倉合掌造り集落 ▶P.123 |

## 情緒豊かな水と盆踊りの町

### 郡上八幡 → P.94
ぐじょうはちまん

山頂に建つ郡上八幡城周辺に古い町並みやきれいな水路など、見どころが多数。江戸時代から続く郡上おどりでも知られる。

↑郡上八幡旧庁舎記念館(P.96)の脇の用水路「いがわこみち」

## 千年の歴史を持つ温泉地

### 下呂温泉 → P.98
げろおんせん

兵庫県の有馬温泉、群馬県の草津温泉とともに、「日本三名泉」と称される。飛騨川を背に源泉を堪能できる噴泉池が有名。

↑飛騨川沿いにも多くの宿泊施設がある

菅沼合掌造り集落
★相倉合掌造り集落
南砺市
★五箇山IC
白川郷・五箇山
坂上駅
角川駅
飛騨細江
白山白川郷ホワイトロード
和田家
★荻町合掌造り集落
飛騨市
★白川郷IC
白川村
中部縦貫自動車道
飛騨清見IC
御母衣湖 ★
★荘川桜
高山市
荘川IC
ひるがの高原SIC ひるがの高原
高鷲IC
白山長滝駅
美濃白鳥駅
白鳥西IC 白鳥IC
郡上市
ぎふ大和IC
やなか水のこみち
郡上八幡IC 郡上八幡駅
郡上八幡
和良IC

## 富山県

富山市

猪谷駅
杉原駅
打保駅
越中東街道
越中東街道

新穂高ロープウェイ

飛騨古川
瀬戸川と白壁土蔵街
★飛騨古川駅

上枝駅
高山IC
高山駅
高山陣屋 ★
高山西IC ★
飛騨の里

飛騨一ノ宮駅

益田街道
久々野駅
渚駅

下呂市

飛騨宮田駅
飛騨小坂駅

上呂駅

飛騨萩原駅
禅昌寺駅

下呂温泉
下呂市
下呂温泉合掌村

飛騨横断
自動車道
焼石駅
下呂IC

▲中岳
▲北穂高岳
▲奥穂高岳

新穂高温泉駅 ★
北アルプス大橋 ★
西穂高口駅
新穂高の湯
上高地

奥飛騨温泉郷

飛騨大鍾乳洞

★平湯大滝

岐阜県

木曽街道
乗鞍街道
▲乗鞍岳
乗鞍高原

長野県

---

### 四季折々に美しい北アルプスの懐に広がる温泉郷

# 奥飛騨温泉郷 ➡ P.125
おくひだおんせんごう

平湯・福地・新平湯・栃尾・新穂高の5つの温泉エリアの総称。豊富な湯量と日本一といわれている露天風呂数を誇り、大自然のなかで湯浴みが楽しめる。

**観光のポイント** 平湯大滝 ▶P.30　新穂高ロープウェイ ▶P.128　新穂高の湯 ▶P.136

↳大自然を愛でながら露天風呂が楽しめる新穂高の湯（4月下旬〜10月30日）

### 白壁土蔵や出格子の商家が続く町並み

# 飛騨古川 ➡ P.88
ひだふるかわ

高山と同じく城下町の姿が残り、白壁土蔵の建物など随所で往時の面影が感じられる。豪華な屋台が巡行する古川祭でも有名。

↳鯉が泳ぐ瀬戸川沿いに並ぶ白壁土蔵

### 豊かな自然に歴史が溶け込む

# 高山 ➡ P.35
たかやま

岐阜県北部の中心都市。江戸幕府の幕領であったため、城下町や商人町の名残をとどめる。なかでも町家が並ぶ古い町並や寺社が集まる東山寺町には、飛騨の古都とも呼ばれる風情ある景観が残っている。

**観光のポイント** 古い町並 ▶P.38　高山陣屋 ▶P.50　日下部民藝館 ▶P.53　東山寺町 ▶P.54

↳徳川幕府が、当時おふれを出したり年貢の取り立てを行った高山陣屋

↳城下町、そして商人町として栄えた古い町並

旅のきほん
2

## 伝統と歴史が薫る町に魅力的な行事が目白押し
# 飛騨高山・白川郷トラベルカレンダー

桜に染まる宮川、花火の光に照らされる飛騨の古い町並、紅葉が美しい奥飛騨、
雪化粧をした合掌造り集落。四季折々の表情を楽しみ、催しで町の歴史を感じたい。

| 1月 | 2月 | 3月 | 4月 | 5月 | 6月 |
|---|---|---|---|---|---|
| 最も雪の多い時期。寒さは厳しいが、樹氷など幻想的な風景も。 | 白川郷の雪景色や平湯大滝の氷柱など、冬ならではの景観を楽しめる。 | まだまだ寒い日が続き、雪が降ることもある。防寒対策はしっかりと。 | ゆっくりと春らしい気候へ変わり、中旬頃には桜が見頃を迎える。 | さわやかで過ごしやすい日が続く。山々の新緑が美しく、散策に最適。 | 梅雨入りを迎え、肌寒さを感じる日もある。羽織るものがあると安心。 |

- ● 高山の月平均気温（℃）　　● 白川郷の月平均気温（℃）
- ■ 高山の月平均降水量（mm）　■ 白川郷の月平均降水量（mm）

3月末まで雪が残り、春の訪れが遅い。4月でも寒さを感じる日がある ▽

一年のなかで最も寒さの厳しい時期。雪国らしい景色が見られる ▽

| | | | | | |
|---|---|---|---|---|---|
| 281.8 | 204.5 | 195.8 | | 15.6 19.0 | 19.7 |
| 101.9 −1.0 | 93.5 −0.6 | 122.5 3.4 | 9.7 8.8 151.6 | 14.9 | 170.4 187.1 |
| −1.2 | −0.8 | 2.5 | 123.9 | 125.2 128.8 | |

**15日 三寺まいり（P.91）**
円光寺、真宗寺、本光寺の3つの寺を順に詣でる300年以上続く飛騨古川の伝統行事。現在は縁結びのおまいりとしても知られる。

**15〜25日 平湯大滝結氷まつり**
飛騨三大名瀑のひとつで、落差が64mもの「平湯大滝」。厳しい寒さにより氷柱へと姿を変えた名瀑が神秘的にライトアップされる。

**1日〜4月3日 飛騨高山雛まつり**
市内の各所に美しい雛人形が展示される。飛騨高山の春の訪れを感じる行事となっている。
**中旬 雫宮祭**
新酒の完成を祝うとともに、豊作への願いを込め、若人が酒だるみこしをかつぎ、練り歩く。祭りの神酒「神のしずく」も振る舞われる。
**19・20日 古川祭・起し太鼓（P.91）**
伝統ある気多若宮神社の例祭。勇ましい起し太鼓に始まり、翌日には屋台が曳き揃えられ、伝統芸能の奉納などが行われる。

**14・15日 春の高山祭（山王祭）（P.24）**
日枝神社（山王様）の例祭。櫻山八幡宮の例祭である八幡祭をあわせて高山祭と呼ばれる。春に12台、秋に11台の屋台が登場する日本三大美祭のひとつ。
**下旬 しんひらゆ温泉タルマのそば祭り**
奥飛騨のさわやかな高原で育ったそばの実を平湯川が流れる砂防トンネルの冷暗所に半年間貯蔵。風味豊かなそばが味わえるイベント。

**3・4日 鳳凰座歌舞伎**
下呂市御厩野（みまやの）にある鳳凰座。江戸時代より農山村の唯一の娯楽として親しまれ、毎年地元の神社の祭礼に合わせて上演。

**5月1日〜6月5日 飛騨高山端午の節句**
高山市内の店や観光施設などで五月人形や鯉のぼりが飾られる。
**26日 奥飛騨温泉郷露天風呂の日**
「6.26（ロ・テン・ブロ）の日として、指定露天風呂を無料開放。
**5月30日〜6月30日 飛騨高山のん兵衛まつり**
市内の6軒の造り酒屋を巡りながら、各蔵自慢のお酒が楽しめる。

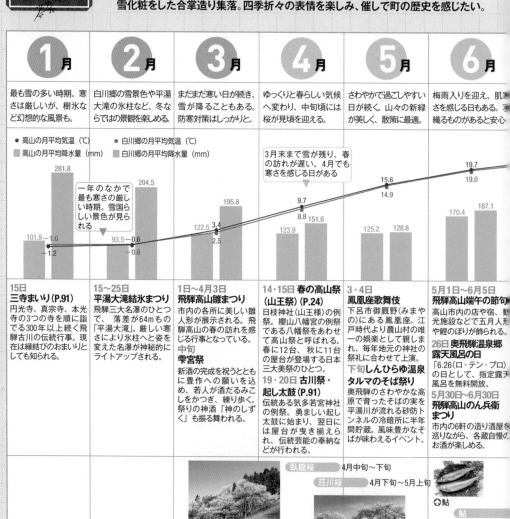

臥龍桜　4月中旬〜下旬
荘川桜　4月下旬〜5月上旬

↑臥龍桜

↑荘川桜

↑鮎

鮎

↑三寺まいり

↑平湯大滝結氷まつり

↑春の高山祭（山王祭）

↑飛騨高山端午の節句

| 7月 | 8月 | 9月 | 10月 | 11月 | 12月 |
|---|---|---|---|---|---|
| 市街地では30℃を超える日もある。紫外線も強いので対策が必要。 | 日中の暑さは続く。下旬には網漁が解禁され、鮎などが味わえる。 | 気温が下がり、すがすがしく過ごせる気候に。秋の気配を感じる。 | 山が色づき始める。奥飛騨の紅葉を眺め、温泉を楽しむ贅沢も。 | 下旬には、早くも冬の寒さに。飛騨ねぎなど土地の味も登場する。 | 下旬になると、積雪が増え、白川郷や五箇山は雪国らしい景色に。 |

冬は積雪がなくても路面が凍結している可能性も。大雪による通行止めやチェーン規制など最新の道路情報を確認しておこう

日中は暑さが厳しいが、夜は涼しく、過ごしやすい

23.5　24.4
22.7　23.6
20.0
260.9　277.7　197.9　190.5
19.4
225.9　214.5
13.5
13.2
155.5　167.9
7.1　181.6
7.1
94.4
282.8
1.7
104.4　1.6

| 上旬〜8月中旬 夏の飛騨高山ライトアップ | 9日 飛騨高山 手筒花火打ち上げ | 第4土曜 きつね火まつり (P.91) | 9・10日秋の高山祭 (八幡祭) (P.26) | 2・3日 白雲座歌舞伎 | 27〜31日 年の瀬市 |

**上旬〜8月中旬**
**夏の飛騨高山**
**ライトアップ**
夕暮れを過ぎて、市内を流れる宮川に架かる中橋がやさしい光で照らされる。飛騨の涼しい夏の町歩きが楽しくなるイベント。

**下旬または8月上旬**
**飛騨高山 花火大会**
宮川の上空をスターマインや仕掛け花火など約2000発の花火が彩る。会場の近くに残る古い町並と風情ある夏の風景が楽しめる。

**9日 飛騨高山**
**手筒花火打ち上げ**
宮川の下流で厄にちなむ毎年8月9日、手筒組総勢40名による手筒花火が噴き上がる。火の粉を浴びながら勇敢に打ち上げる様子は大迫力。

**13〜16日 郡上おどり**
**（徹夜おどり）(P.97)**
400年以上続く歴史ある祭りで2カ月にわたって30夜開催される。なかでも4日間は徹夜おどりと呼ばれ、朝方まで踊り続ける。

**第4土曜**
**きつね火まつり (P.91)**
夜の飛騨古川をきつねの嫁入り行列が松明を手に進む。まつり広場では結婚の儀が執り行われ、まるでおとぎ話の中にいるよう。

**25・26日**
**こきりこ祭り (P.123)**
五箇山上梨集落にある白山宮の境内で、田舞として発祥した「筑子（こきりこ）」が奉納される。参加者も一緒に踊る総踊りもある。

**9・10日秋の高山祭**
**（八幡祭) (P.26)**
櫻山八幡宮の例祭・八幡祭は、春に行われる山王祭とともに高山祭と呼ばれる。町を巡る屋台、からくり奉納など見どころが多い。

**14〜19日 白川郷**
**どぶろく祭 (P.115)**
白川村にある数カ所の神社で、御神幸、獅子舞、民謡や舞踊などの神事が行われる。「どぶろく」が神酒として振る舞われる。

**2・3日**
**白雲座歌舞伎**
国の重要有形民俗文化財に指定されている、珍しいコマ回し式舞台のある下呂市門和佐の芝居小屋「白雲座」で素人歌舞伎が上演。

**3日**
**飛騨にゅうかわ**
**宿儺まつり**
伝説の偉人、両面宿儺の出現地と伝わる高山市丹生川町で、鍋のふるまいやバザーを開催。郷土芸能の披露も。

**27〜31日**
**年の瀬市**
年中無休で賑わう2カ所の朝市で、正月用のしめ縄や、松飾、花餅を販売。飛騨高山の年末の風物詩。

↑年の瀬市

↑宿儺かぼちゃ

↑飛騨りんご

↑飛騨赤かぶ

↑飛騨ねぎ

月中旬 〜9月

飛騨もも 7月中旬〜9月中旬

飛騨赤かぶ 10月〜12月上旬

宿儺(すくな)かぼちゃ 8月中旬〜10月

飛騨ねぎ 11月中旬〜12月

飛騨りんご 9月〜12月上旬

↑飛騨もも

# ニュース＆トピックス

飛騨高山の自然やグルメを満喫できる新たな施設や飲食店がオープン。宿泊施設もさまざまなタイプが開業した。飛騨の歴史風情漂う町家の宿から最新設備のホテルまでまとめて紹介！

## 町家建築を活かした
**2022年10月オープン**
## ラグジュアリーヴィラ 谷屋 でとっておき体験

ひっそりとした隠れ家のような宿

中庭に面した檜風呂は開放感にあふれる

江戸時代からの歴史を誇る名家・日下部家。明治12年(1879)に建てられた母屋は、国の重要文化財にも指定されている。ここではその離れを貸切で宿泊できる。「日下部民藝館(→P53)」の閉館以降は、母屋の利用も可能だ。

### ラグジュアリーヴィラ 谷屋
ラグジュアリーヴィラ たにや
古い町並 **MAP** 付録P.9 D-2
☎080-2450-6222 所高山市大新町1-55
交JR高山駅から徒歩15分(車での送迎あり) P2台(無料) in15:00 out12:00
室1室 予約1棟貸切(4名まで)1泊室料12万5400円～(オリジナルガイドツアー・コンシェルジュサービス付プラン)

落ち着いた和のたたずまい。「日下部家の主賓」としてももてなされる素敵なひと時を

## 地域の魅力を体感したい、新感覚の観光拠点
## フェアフィールド・バイ・マリオット・岐阜高山白川郷 が好評

パブリックスペースにはお茶やコーヒー、味噌汁が用意されている(無料)

清潔感があふれる客室は快適

ホテル周辺からは雄大な山々の眺望が楽しめる

「地域の魅力を楽しめる」をテーマにしたフェアフィールド・バイ・マリオット 道の駅ホテルのひとつ。ホテルに隣接する道の駅・桜の郷荘川や温泉施設・桜香の湯の利用も便利。地域ならではのグルメや温泉を楽しみたい。

### フェアフィールド・
### バイ・マリオット・岐阜高山白川郷
フェアフィールド・バイ・マリオット・ぎふたかやましらかわごう
高山郊外 **MAP** 付録P.2 A-4
☎06-6743-4750(大阪予約センター) 所高山市荘川町猿丸46-1 交東海北陸自動車道荘川ICから車で3分 Pあり(無料)
in15:00 out11:00 室69室 予約1泊1室1万5730円～(最大大人2名まで宿泊可)

## 上質なホテル空間で過ごす
## メルキュール 飛騨高山 に熱視線!

高山駅にほど近い好ロケーション。室内温泉浴場、露天風呂、貸切露天風呂など、バラエティに富んだお風呂が好評。飛騨の食を存分に味わえるレストランも利用したい。

### メルキュール 飛騨高山
メルキュール ひだたかやま

9階の展望露天風呂や屋内温泉は開放感あふれる

高山駅周辺 MAP 付録P.8A-4
☎0577-35-2702 所高山市花里町4-311-1 交JR高山駅から徒歩4分 P提携駐車場あり(1泊2000円) 時15:00 out11:00 料1泊朝食付1万8200円〜(1室2名利用時)

2022年12月オープン

## ゆとりある休日を楽しむ
## FAV HOTEL 飛騨高山EAST に注目!

FAV HOTELブランドでは初となるサウナ付きのホテル。サウナスイートやタタミルームなど全部で10タイプのゲストルームがある。全室キッチン付なのでグループでの利用にもおすすめ。サウナは貸切利用OK。

### FAV HOTEL飛騨高山EAST
ファブ ホテルひだたかやまイースト

1室で最大6名まで宿泊可能できる

高山駅周辺 MAP 付録P.8A-3
☎0577-32-0800 所高山市花里町6-101 交JR高山駅から徒歩3分 P10台 時15:00 out10:00 料1泊素泊まり1万9600円〜 ※サウナは宿泊者限定(要予約・有料)

2023年8月オープン

## 飛騨の歴史や文化を感じられる
## 岐阜県初の星野リゾート を体験!

星野リゾートの温泉旅館ブランド「界」が、奥飛騨温泉郷の平湯温泉にオープン予定。中庭を囲むように宿泊棟、離れ、湯小屋など4つの建物が並ぶ。周囲の美しい山々を眺めながら名湯を楽しみたい。

### 界 奥飛騨
かい おくひだ

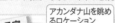
2024年秋オープン予定

アカンダナ山を眺めるロケーション

平湯 MAP 付録P.19 E-1
☎050-3134-8092(界予約センター) 所高山市奥飛騨温泉郷平湯138ほか 交バス停平湯温泉から徒歩5分
※最新情報は公式HPを参照

## 古民家をリノベした風情ある店舗
## meet tree TAKAYAMA

岐阜県中津川にある老舗木材会社がプロデュース。ヒノキなどを原料とした上質なコスメやおしゃれな雑貨を取り扱っている。中津川名産の栗を使ったスイーツも評判。

### meet tree TAKAYAMA
ミートゥリー タカヤマ

2023年8月オープン

古い町並 MAP 付録P.11 E-2
☎0577-62-8822 所高山市上三之町109 交JR高山駅から徒歩11分 時10:00〜16:30(12〜2月は10:00〜16:00) 休不定休 Pなし

森の豊かな恵みを生かしたコスメやスイーツに注目

## 朝どれ野菜や飛騨の特産品が並ぶ
## 飛騨産直市そやな を楽しむ

地元農家で大切に育てられた農産物が集まる産直市。上質な旬の野菜や果実はもちろん、比較的安価な商品も揃う。地元食材の加工品、民芸品、アルコール類などもある。

### 飛騨産直市そやな
ひださんちょくいちそやな

旬の野菜がずらり。飛騨の伝承作物など珍しい野菜も

飛騨古川 MAP 付録P.6A-2
☎0577-57-8998 所飛騨市古川町下気多1348-1 交JR飛騨古川駅から車で7分 P120台 時9:00〜17:00(冬季は〜16:00)

2022年7月オープン

## 地元飛騨の特選肉を贅沢に使用
## 飛騨高山ミートレストラン に感動!

美術館だった檜造りの木造建造物をリノベーションしたレストラン。開放感ある店内は快適だ。精肉店が直営のため味は申し分なく、なかでも飛騨牛、地元ブランド豚のステーキやハンバーグがおすすめ。

### 飛騨高山ミートレストラン
ひだたかやまミートレストラン

ブランド豚の飛騨高山プレジャーポークと飛騨牛を使ったハンバーグ

古い町並 MAP 付録P.10 B-2
☎0577-57-7155 所高山市上三之町69 交JR高山駅から徒歩10分 時11:00〜15:00 休火・水曜 Pなし

2023年10月オープン

17

↷時が止まったように、かつてのたたずまいを残す古い町並を散策

# プレミアム滞在 モデルプラン
# 飛騨高山・白川郷
# おとなの1日プラン

古き良き日本と出会う、飛騨高山・白川郷の旅は山あいの町や里で、大切に受け継がれてきた歴史や、豊かな自然の絶景を楽しみたい。

---

| 9:00 | 高山駅 |
徒歩約10分
広小路通りを東に進み、宮川の手前の交差点で右折する

| 9:10 | 高山陣屋 |
徒歩約5分
宮川に架かる中橋を渡る

| 11:00 | 古い町並 |
徒歩約5～10分
北に進み、江名子川を渡る

| 13:00 | 日下部民藝館 |
徒歩約10分
江名子川に沿って歩く

| 15:00 | 東山寺町 |
徒歩約20分
さんまち通り、広小路通りを経由する

| 17:00 | 高山駅 |

### プランニングのアドバイス

駐車場がない施設や店が多いので、徒歩でまわるか、レンタサイクルや人力車を利用しよう。歴史や昔の暮らしに興味がある場合は、飛騨の里(P.56)を訪れるのもおすすめ。日本三大美祭に数えられている高山祭を旅の目的にするなら、宿の確保を早めにしておきたい。高山に来たからには、飛騨牛や郷土料理をいただきたい。古い町並にある飲食店は夕方には閉店しているので、夕食は櫻山八幡宮周辺や古い町並から宮川を渡ってすぐの本町や有楽町、高山駅周辺のお店に行こう。

---

## 高山で優雅な文化を物語る建物を巡る

往時の姿が色濃く残る町で、人々が紡いできた暮らしにふれる。

### 江戸時代の息吹を感じる 史跡 を訪ねる

**高山陣屋** ➡P.50
たかやまじんや

国内唯一主要な建物が現存する幕府の代官所で、江戸時代に飛騨の行政の中枢を担っていた。当時の姿が蘇っている高山の名所。

### 高山陣屋前朝市 ➡P.81
たかやまじんやまえあさいち

高山陣屋前広場で毎日開催される朝市。自家製の野菜や果物をはじめ、生花なども並ぶ。おみやげにしたい飛騨の特産品が揃っている。

### 昔懐かしい雰囲気が漂う 古い町並 を歩く ➡P.38

趣深い建物が連なる古い町並を散策。名物の郷土料理を提供するグルメスポットや、ショップなどに立ち寄りたい。

風情あふれる町家
カフェでひと休み

### 飛騨匠の技が集結した 町家 へ

**日下部民藝館** ➡P.53
くさかべみんげいかん

骨太の木組みなど力強く重厚な造りから「男性的」といわれる。建物以外にも暮らしにまつわる用具の展示が見られる。

### 歴史風情が薫る 東山寺町 を散策

**素玄寺** ➡P.54
そげんじ

高山の町を造った金森長近の菩提寺。長近の遺品や肖像も残っている。

**城山公園** ➡P.55
しろやまこうえん

金森長近が築いた高山城の跡地。高台に位置するため、高山市街地を一望できる。

# 古き良き風情を訪ね高山から奥飛騨へ

古民家や趣深い町並みの景観美や歴史を感じる逸品を探しに行く。

## プランニングのアドバイス

飛騨古川は半日もあれば十分に観光できる小さな町。風情のある壱之町通りや弐之町通り（P.89）をのんびり歩きたい。また、三寺まいり、古川祭・起し太鼓、きつね火まつりといった伝統行事（P.91）に合わせてプランを立てれば旅はいっそう豊かになる。昼食は高山駅周辺のお店でとるのもよい。夕食は飛騨古川に宿泊して老舗の料理旅館（P.92）で会席料理を堪能するのがおすすめ。

↑白壁土蔵街を流れる瀬戸川を悠々と泳ぐ鯉

↑飛騨の旬の食材を贅沢に使用した料理を楽しみたい

## 昔の暮らしを知る博物館で 古民家めぐりと伝統工芸体験

**飛騨の里 →P.56**
ひだのさと
かつての飛騨の暮らしを再現した野外博物館。江戸時代に建てられた貴重な古民家と農村生活における人々の知恵が残る。季節の行事や伝統行事も行われる。

## 名工の建築美とノスタルジックな町並みに感動

**本光寺 →P.90**
ほんこうじ
浄土真宗の古刹で、本堂は飛騨地区の木造建築では最大規模。飛騨の匠により建てられた山門にも注目してみたい。

**瀬戸川と白壁土蔵街 →P.88**
せとがわとしらかべどぞうがい
約500m続く瀬戸川と白壁土蔵街は飛騨古川の観光のメインスポット。瀬戸川を泳ぐ約1000匹の鮮やかな鯉が景観に彩りを添えてくれる。

## 大切に受け継がれてきた伝統や熟練の職人技に親しむ

**渡辺酒造店 →P.93**
わたなべしゅぞうてん
長年飛騨で愛されてきた銘酒「蓬莱」の蔵元。建物は国の登録有形文化財に指定されている。

**三嶋和蝋燭店 →P.93**
みしまわろうそくてん
江戸時代から続く全国でも数少ない手作り和蝋燭の店。店主の熟練の技が見られることも。

19

# 世界遺産・白川郷で日本の原風景にふれる

古き良き文化が息づく荻町合掌造り集落で、懐かしい日本と出会う。

**8:50** 高山濃飛
バスセンター

↑ 約1時間
濃飛バスで50分、白川郷バ
スターミナル下車、徒歩3分

**8:10** 金沢駅東口

↑ 約1時間20分
北鉄バスで1時間15
分、白川郷バスター
ミナル下車、徒歩3分

**9:30~9:50** 白川郷

↓ 徒歩15分
和田家、神田家など見学
や、城山天守閣展望台に
立ち寄り本通りまで

**13:30** 本通り、東通り

↑ 約1時間
白川郷バスターミ
ナルから濃飛バス
を利用

**17:20** 高山濃飛
バスセンター

↓ 約1時間20分
白川郷バスターミナルから
北鉄バスを利用

**17:50** 金沢駅東口

## プランニングのアドバイス

高山からは日帰りで十分楽しめるが、合掌造り家屋に宿泊し、地元の人々と交流するのも良い思い出になる。白川郷からバスや車で30分ほどで行けるもうひとつの合掌造り集落・五箇山(P.122)に足を延ばすのもおすすめ。食事処は主に本通りまたは東通りにあり、夕方までの営業が多い。郷土料理や自然の恵みを生かしたメニューが味わえる。ただし、人気の観光地だけあって食事どきは混雑するので、予約しておきたい。

↑ 合掌造りの宿で貴重な時間を過ごすのも楽しい

↑ 滋味深い郷土の味を堪能

## 先人たちの知恵が詰まった
## 白川郷に伝わる民俗や文化を知る

### 和田家 ➡P.112
わだけ

白川郷では最大規模の家屋で、国の重要文化財。和田家は江戸時代に名主や番所役人を務めた名家。太い梁や柱など格式高い建築様式が随所に見られる。

1階と2階部を公開している

### 神田家 ➡P.113
かんだけ

約200年前に和田家から分家。火薬製造が行われていた遺構が見学できる。

### 明善寺郷土館 ➡P.115
みょうぜんじきょうどかん

浄土真宗の合掌造り建築の寺。庫裏の部分が民俗資料などを展示する郷土館。

写真提供:岐阜県白川村役場

## 本通りや東通りをのんびり散策

### 落人 ➡P.118
おうど

合掌造りの家屋を利用したカフェ。天然水で淹れたコーヒーと囲炉裏で炊くおかわり自由のぜんざいが自慢。

### 恵びす屋 ➡P.119
えびすや

本通りにあるお店。地酒やどぶろく風味の食品が人気。そのほか、民芸品やおみやげも充実している。

城山天守閣展望台から見渡す合掌造りの集落

| | |
|---|---|
| **8:40** | 高山濃飛<br>バスセンター |

約1時間45分<br>濃飛バスで1時間45分、<br>新穂高ロープウェイバス<br>停下車、徒歩すぐ

| **10:20** | 新穂高ロープウェイ |

約1時間15分<br>新穂高ロープウェイバス<br>停から濃飛バスで45分、<br>平湯温泉バスターミナル<br>下車、徒歩20分

| **15:00** | 平湯大滝 |

徒歩約18分

| **16:00** | ひらゆの森 |

約1時間5分<br>平湯温泉バスターミナル<br>から濃飛バスで1時間1分

| **18:31** | 高山濃飛<br>バスセンター |

## プランニングのアドバイス

日本一露天風呂の多い温泉地といわれるだけあって、あちらこちらに足湯や日帰り入浴ができる施設や宿があるので、さまざまなお湯を巡りたい。高山からはバスで1時間45分ほどなので日帰りでも楽しめるが、情緒あふれる温泉宿に最低でも1泊はしたい。絶景露天風呂が自慢の宿、美食の宿、古民家の宿などどれも個性的なので、宿を選ぶのも楽しみだ。新穂高ロープウェイの駅や日帰り入浴施設に併設している食事処や喫茶が利用できる。また各温泉エリアに郷土料理や軽食のお店があるので散策の途中に立ち寄りたい。

↑木のぬくもりと囲炉裏で心が安らぐ古民家の宿

↑多様な立ち寄り湯が点在

# 奥飛騨温泉郷の絶景と名湯を満喫する

北アルプスの大自然に囲まれ、雄大な山々を眺めながら過ごす贅沢な時間。

## 名峰を望みながら空中散歩を楽しむ

### 新穂高ロープウェイ ➡P.128
しんほたかロープウェイ

山麓の新穂高温泉駅と標高2156mに位置する西穂高口駅を結ぶ。西穂高口駅の屋上展望台では壮大なマウントビューが広がる。各駅では食事処、おみやげなどの施設も充実。

## 奥飛騨の名瀑のさまざまな表情を楽しむ

### 平湯大滝 ➡P.30
ひらゆおおたき

麓の駐車場から川沿いの探索路を進んだ先にある落差64m、幅6mの壮大な滝。滝が凍結する2月にはライトアップされ、幻想的な光景が見られる。

## 露天風呂に浸かり天然温泉でリラックス

### ひらゆの森 ➡P.136
ひらゆのもり

木々に囲まれた広い敷地に、源泉掛け流しの露天風呂が点在。湯舟によってお湯の濁り方や温度が異なる。

絢爛豪華な祭絵巻

# 高山祭

高山に春と秋の訪れを伝える華やかな祭礼。
飛騨の誇る匠の技が集結した屋台は、
「動く陽明門」と称される。
京都祇園祭、秩父夜祭と並ぶ
日本三大美祭のひとつに数えられる。

⬇春の高山祭の目玉のひと
つ、龍神台のからくり

↑初日の夜に行われる夜祭（宵祭）では、昼間の屋台とはまた違った華やぎに包まれる

## 高山城下の2つの鎮守の祭礼

高山祭とは、日枝神社で行う春の山王祭と、櫻山八幡宮の秋の八幡祭の2つの祭礼の総称。豪華絢爛な屋台の美しさで知られている。その始まりは、高山城主・金森氏が統治した江戸時代前期頃といわれている。

旧城下町の南部地区の氏神様である日枝神社と、北地区の氏神様・櫻山八幡宮で、五穀豊穣などを祈る祭りとして始まった。当初は厳かな神事が中心の祭礼だったが、町民が楽しむ賑やかな祭りへと様変わりしていった。

◑通りには祭り提灯が掲げられ、高山市内はお祭り一色の雰囲気に包まれる

## 江戸中期、豪華な屋台がお目見え
## 匠の残した遺産が今も活躍

高山祭で最初に祭屋台が登場したのは、高山が江戸幕府の直轄地になったあとの享保3年（1718）頃とされる。

江戸の屋台形式が伝えられ、さらに、京都の飾り金具やからくりなどの装飾が加わって、文化・文政年間（1804〜30）頃には、現在のような豪華な屋台が作られた。これほどまでに豪奢になったのには、旦那衆と呼ばれた高山の豪商の財力と、卓越した技術力を持つ飛騨の職人の存在が大きい。

旦那衆は屋台費用を出資して、職人たちに彫刻や金具、からくりなどで飾りたてた屋台を作らせ、その豪華さを競い合った。現在も、当時の職人たちの粋を集めた屋台が祭りを飾る。屋台はすべて国の重要有形民俗文化財に指定されている。

## 〈 見学information 〉

▎開催時期
春の4月14・15日と秋の10月9・10日に行われる。春は市の南側（安川通り以南）、秋は北側（安川通り以北）の地区で開催される。

▎宿の確保
高山のほか下呂温泉など近隣の温泉地も当日はほぼ満室に。1年前に予約を入れる人も多いので、なるべく早めに確保したい。

▎交通規制
祭りの期間中、舞台となる市街地の一帯が車の乗り入れ禁止に。事前に飛騨高山観光公式サイトなどで確認しておこう。

▎雨天の場合は中止
雨天中止の場合、降水量や天候状況によっては、屋台蔵に入った屋台を見物できる場合もある。

問い合わせ
飛騨高山観光案内所 ☎0577-32-5328
高山市観光課 ☎0577-32-3333

桜のもとにお目見えする屋台の華やぎとからくりの競演

# 春の高山祭
## 山王祭 4月14・15日
さんのうまつり

春の訪れを告げる例大祭。
12台の屋台と、そのうち
3台のからくり人形の
妙技が見る者の心を奪う。

**屋台曳き揃え**
屋台蔵から曳き揃えの会場へ
向かう屋台。赤い中橋を通ると
きが最も絵になる。岸辺の桜と
合わせて見られる年もある

特集●高山祭

## 桜の季節に披露される
## からくり人形の妙技

　安川通り以南一帯で行われる日枝神社(山王様)の例大祭。屋台曳き揃えでは、12台の屋台がお旅所前や古い町並などに繰り出される。お旅所前に登場する石橋台、三番叟、龍神台の3台は、両日とも午前と午後の2回、からくり奉納を披露。なかでも石橋台の俊敏な早変わりが圧巻だ。夜祭や祭行列の御巡幸も行われ、一日中楽しめる。

**山王祭の順路**

★城山公園 P.55

飛騨高山まちの博物館 P.63/P.65

日枝神社

14日
夜祭順路

安川通り

さんまち通り

筏橋

中橋 P.29
★お旅所

神明町通り

鳥居 神明神社

鍛冶橋

枡形橋

国分寺通り

14日
屋台曳き揃え

★高山陣屋 P.39/P.50

宮川

和合橋

15日
屋台曳き揃え

14・15日
からくり奉納

0　　　200m

※2023年の情報です

---

**全12台を紹介**

## 春の
## 屋台は
## コチラ

### 神楽台
からくたい

金色の鳳凰と巨大な太鼓、御所車が見事。屋台囃子を奏でて先頭を進む。

### 三番叟
さんばそう

浦島の曲に乗って舞う童が、翁に変身するからくりが見もの。

からくり
披露

### 麒麟台
きりんたい

名工の手による獅子彫刻が圧巻。一木でくりぬいた籠と中の鶏にも注目。

### 石橋台
しゃっきょうたい

妖艶に舞う美女が突如、獅子に変身し、再び元に戻るからくりを披露。

からくり
披露

### 五台山
ごたいさん

獅子牡丹の刺繍幕は円山応挙の下絵とされるなど、巨匠作品に彩られる。

写真提供:高山市

## 屋台曳き揃え

↑屋台曳き揃えでは、それぞれ意匠の異なる屋台をまとめて見物できる

## からくり奉納

↑屋台上部のからくり人形が、いきいきとした動きを披露する

## 夜祭

↑暗間に提灯の列が浮かび、お囃子の流れる夜祭の屋台はどこか幻想的

### この神社の例大祭

**日枝神社** ひえじんじゃ

MAP 付録P.7 F-3

高山初代城主の金森長近が寄進して造営し、城の守護神とした。旧城下町南部の氏神として知られる。地元では「山王様」と呼ばれ、信仰を集めている。

☎0577-32-0520 所高山市城山156 ◷9:00〜16:00(ご祈祷受付)
休無休 料無料 交JR高山駅から徒歩25分 P あり

## スケジュール
※2023年の情報です

### 4月14日

9:30頃 **屋台曳き揃え** 16:00頃まで
お旅所前に4台、神明町通りに8台が揃う。

11:00頃 **からくり奉納**
お旅所前で石橋台、三番叟、龍神台の3台の屋台がからくりを披露。

13:00頃 **御巡幸** 16:00頃まで
祭行列が、日枝神社から上町を一巡する。途中、各所で伝統芸能を披露。

15:00頃 **からくり奉納**

18:30頃 **夜祭** 21:00頃まで
提灯を灯した屋台がゆっくり町内を練り歩く。

### 4月15日

9:30頃 **屋台曳き揃え** 16:00頃まで

10:00頃 **からくり奉納**
前日同様にからくりを披露。所要時間は約50分。

12:30頃 **御巡幸** 16:00頃まで
祭行列がお旅所を出発し、日枝神社へ向かう。

14:00頃 **からくり奉納**

匠の技の結晶 **屋台の構造**

屋台は上・中・下の3段構造で、江戸時代の屋台を修理して今も実行。木工や彫刻、金具、塗り、織・染物など、高山匠の伝統技術が凝縮されている。

**からくり人形**
からくりにんぎょう
綱方が多くの綱を操って、人形の舞踊や早変わりを行う。多くの人形が作られたが、今は春と秋で4体のみがからくりを披露。

**見送り幕**
みおくりまく
舞台の後ろ側に飾られる長い幕。職人技が光る、緻密で優雅な織物や刺繍に目を見張る。

上段

中段

下段

**胴幕**
どうまく
屋台中段の側面を彩る幕。勇壮な般若や獅子、異国情緒のある西洋幕など、屋台ごとに多彩な柄の刺繍や織物が見られる。

**戻し車**
もどしぐるま
狭い曲がり角などでの方向転換に使う第5の車輪。戻し車で屋台と2輪を浮かせ、3輪になって旋回する。

**彫刻**
ちょうこく
中段の欄間や下段を、獅子や龍、花などの彫刻で飾る。透かし彫りの技術が冴える。

**車輪**
しゃりん
4輪が基本。黒塗りに金具を施した御所車と、飾り気のない板車の2種類がある。

山王祭

---

### 鳳凰台
ほうおうたい
鉾、オランダ伝来の赤・黒・黄の竪幕、麒麟彫刻が魅せる。

### 恵比須台
えびすたい
彫刻、西洋の風俗がテーマの見送り幕など独創的。

### 龍神台
りゅうじんたい
からくりでは、唐子が運んだ壺から龍神が現れ激しく舞う。

からくり披露

### 崑崗台
こんこうたい
屋台名は中国の金の産地。随所が金色に光り輝く。

### 琴高台
きんこうたい
見送り幕の刺繍や柱の大金具など、各所に鯉をあしらう。

### 大國台
だいこくたい
曳行の際に屋根がしなって揺れる構造になっている。

### 青龍台
せいりゅうたい
高山城天守閣を模したとされる入母屋造り屋根。大きさは最大級。

25

昔ながらの建物が残る町並みに屋台が映える情緒を楽しむ

# 秋の高山祭
# 八幡祭 10月9・10日
はちまんまつり

地域の安寧を祈る祭り。豪華な屋台が表参道に居並ぶほか、昔風情の通りをゆっくりと過ぎていく。

**屋台曳き揃え**
櫻山八幡宮の表参道に10台の屋台がずらりと並ぶ様子は、まさに絢爛豪華。秋の高山祭ならではの迫力満点の眺めを楽しめる

神社の参道に屋台が集合
秋だけの屋台曳き廻しも

安川通り北側で行われる櫻山八幡宮の例大祭。屋台曳き揃えでは、布袋台以外の10台の屋台が八幡宮の表参道に勢揃いする。境内では、高山祭一の難易度といわれる布袋台のからくり奉納が、両日ともに披露される。初日の午後には、八幡祭だけで行う屋台曳き廻しを実施。華麗な屋台が町内を練り歩く風景は情緒満点だ。

**八幡祭の順路**

9・10日 からくり奉納

9日 宵祭順路

櫻山八幡宮

高山別院 卍

P.27 高山祭屋台会館 ★

9・10日 屋台曳き揃え

表参道

お旅所

安川通り

卍 勝久寺

9日 屋台曳き廻し

鍛冶橋

国分寺通り

宮前橋

弥生橋

不動橋

宮川

連合橋

万人橋

0 200m

※2023年の情報です

---

**全11台を紹介**

# 秋の屋台はコチラ

### 神楽台
からくたい
上段に金色の鳳凰と大太鼓。屋台囃子を奏でる楽人を乗せて屋台を先導。

### 布袋台
ほていたい
36条もの手綱で複雑な動きを見せる、布袋と唐子のからくりを披露。

からくり披露

### 金鳳台
きんぽうたい
人形は、神功皇后と赤ん坊の応神天皇を抱く武内宿禰。初期の屋台の風格が残る。

### 大八台
だいはちたい
直径1.56mの巨大な御所車(大八車)が特徴的。屋台囃子の大八曲を奏でる。

### 鳩峯車
きゅうほうしゃ
前面の雲龍、見送り幕の中国人図など、四方を飾る綴錦は屈指の華麗さ。

## からくり奉納

↑布袋台のからくり奉納は、唐子のアクロバティックな動きが見ものだ

## 屋台曳き廻し

↑昼間の曳き廻しは秋の醍醐味。曲がり角での方向転換の仕方にも注目

## 宵祭

↑1台に100個ほど灯された提灯が屋台とともに揺らめく風景が美しい

### スケジュール
※2023年の情報です

#### 10月9日

**9:00頃** 屋台曳き揃え17:00頃まで
布袋台は八幡宮境内、ほかの10台は表参道に揃う。

**12:00頃** からくり奉納
八幡宮境内で、布袋台が離れ業のからくりを披露。

**13:20頃** 御神幸
総勢數百名の祭行列が八幡宮から町を練り歩く。

**13:30頃** 屋台曳き廻し16:00頃まで
神楽台や鳳凰台など、4台の屋台が大新町を通る。

**14:00頃** からくり奉納

**18:00頃** 宵祭 21:00頃まで
提灯を灯した11台の屋台が町を一巡して屋台蔵へ。

#### 10月10日

**8:30頃** 御神幸 12:00頃まで
八幡宮の表参道を出発し、祭行列が町を巡る。

**9:00頃** 屋台曳き揃え 16:00頃まで
前日同様、表参道と境内に合計11台の屋台が居並ぶ。

**11:00頃** からくり奉納

**13:00頃**
前日同様、布袋台のからくり奉納が披露される。

**13:30頃** 御神幸 16:00頃まで
お旅所を起点に、祭行列が下町を練り歩く。

### この神社の例祭

#### 櫻山八幡宮 さくらやまはちまんぐう
MAP 付録P.9 D-1
創建は4世紀末と伝わる高山有数の古社で、旧城下町北部の氏神。敷地内の高山祭屋台会館には祭屋台行事として、ユネスコ無形文化遺産に登録された、祭屋台を常時展示（有料）している。
☎0577-32-0240 〒高山市桜町178 営休境内自由
交JR高山駅から徒歩20分 Pあり（有料、高山祭期間中は駐車不可）

# 博物館で高山祭を知る

高山祭に行けない場合はここで体感。祭りを見物する人も、屋台やからくりのことが学べて便利。

### 高山祭屋台会館 たかやままつりやたいかいかん
櫻山八幡宮
MAP 付録P.9 D-1

#### 本物の屋台を年中展示
櫻山八幡宮の境内にあり、秋に曳き出される実物の屋台を展示。高山祭のビデオも上映。

☎0577-32-5100 〒高山市桜町178 営9:00〜17:00 12〜2月は〜16:30 休無休 料1000円 交JR高山駅から徒歩30分 Pあり（有料）

↑音声ガイド機器も入館料に含まれる

### 飛騨高山まつりの森 ひだたかやままつりのもり
千島町 MAP 付録P.7 E-4

#### 最新技術で蘇った屋台
日本初の地中ドーム内では、豪華絢爛な平成祭屋台、世界一の大太鼓が展示されている。

☎0577-32-1000 〒高山市千島町1111 営9:00〜17:00 休無休 料1000円 交高山濃飛バスセンターからさるぼぼバスで17分、まつりの森下車、徒歩1分 Pあり

↑からくりが10分間隔で上演される

八幡祭

---

### 神馬台 じんまたい
神の使いの白馬と烏帽子姿の2体の人形を飾る。般若の胴幕も目を引く。

### 仙人台 せんにんたい
全屋台で唯一の唐破風屋根には、極彩色の剣巻龍。久米仙人の人形を飾る。

### 行神台 ぎょうじんたい
土地にゆかりの役行者の人形を祀る。中段を囲む朱塗りの玉垣が特徴的。

### 宝珠台 ほうじゅたい
屋根を飾る雌雄の大亀や3つの宝珠、足元のケヤキ一枚板の台輪も美しい。

### 豊明台 ほうめいたい
屋根の鳳凰や菊、牡丹、唐獅子の彫刻など、装飾の華麗さに圧倒される。

### 鳳凰台 ほうおうたい
全屋台で最大の谷越獅子の彫刻。大量の金具装飾も美しい。

27

現れては消える束の間の美

# 山国を彩る四季の絶景

北アルプス（飛騨山脈）や急峻な渓谷など、標高差2700mを超える自然地形に富んだ飛騨高山。
全国有数の桜の名所や名瀑、随所に見られる季節ごとの絶景と出会う旅へ。

千年の時を超え
今なお咲き誇る

見頃は4月中旬〜下旬。美しい
花が人々を魅了する

## 臥龍桜

がりゅうざくら

一之宮町 **MAP** 付録 P.6 B-4

樹齢1100年のエドヒガン。高さ20m、南北30mに枝を広げ、龍が体を臥せたような姿から名付けられた。4月中旬から約3週間にわたり臥龍公園桜まつりが開催される。

☎ 0577-53-2211（高山市一之宮支所）　⑰高山市一之宮町275-1　⊗JR飛騨一ノ宮駅下車すぐ／JR高山駅から車で25分
Ⓟあり

宮川沿いに咲く桜が
高山に春の訪れを告げる

## 中橋
なかばし

古い町並 **MAP** 付録 P.11 E-2

宮川に架かる赤い中橋と桜が
調和し、情緒あふれる光景が
広がる。季節ごとにライトア
ップされ、夜も幻想的だ。

☎ 0577-32-3333（高山市観光課）
🏠 高山市本町
🚃 JR高山駅から徒歩8分 　Pなし

桜のほか、夏の新緑、秋の紅葉、
冬の雪景色と、四季を通して自
然が橋を美しく彩る

## 荘川桜
しょうかわざくら

荘川町 **MAP** 付録 P.2 B-3

湖底に水没する危機から
守られた樹齢500年近く
のアズマヒガンザクラ。
桜研究家の第一人者、笹
部新太郎により移植され
御母衣ダム湖畔の中野展
望台に立つ。満開時には
ライトアップされた姿も
楽しめる。

☎ 05769-2-2272（荘川観光協会）
🏠 高山市荘川町中野769-15　🚃
JR高山駅から車で1時間
Pあり（冬季は利用不可）

人々の思いが救った
2本の巨大な桜

4月下旬～5月上旬にかけてア
ズマヒガンザクラが咲き誇る

特集●山国を彩る四季の絶景

## 平湯大滝
ひらゆおおたき

平湯温泉 **MAP** 付録P.19 F-4

落差64m、幅6mの大滝。飛
騨三大名瀑のひとつで、日
本の滝百選、岐阜県の名水
50選にも選ばれている。

☎0578-89-3030（平湯温泉観光案
内所）　㈜高山市奥飛騨温泉郷平湯
🚌平湯温泉バスターミナルから徒
歩30分／JR高山駅から車で1時
間　🅿あり

壮大な滝の周囲を
生命力あふれる緑が包む

秋は紅葉を楽しめ、冬には氷結
された滝がライトアップされる

車窓に広がる、雄大な山々が並ぶ絶景を楽しみたい

# 乗鞍スカイライン
のりくらスカイライン

乗鞍 **MAP** 付録 P.16 B-3

標高1684mの平湯峠と標高2702mの乗鞍岳を結ぶ、山岳観光道路。マイカー利用が規制されているため、通行はバスやタクシーの利用が基本。

☎ 0577-79-2012(乗鞍スカイライン管理事務所) 🕐 5月15日〜10月31日※マイカー規制あり。冬季、夜間は通行禁止 🚗 JR高山駅から平湯峠まで車で50分

※現在災害により通行止めあり

# 合掌大橋展望所
がっしょうおおはしてんぼうじょ

白川村 **MAP** 付録 P.14 B-2

白川郷、五箇山地方の切妻合掌造りをかたどった橋。岐阜県と富山県の県境を流れる庄川に架かる橋は、合掌大橋を含め7本あり、飛越七橋と呼ばれる。

☎ 05769-6-1311(白川村役場) 🕐 白川村小白川 🚗 東海北陸自動車道五箇山ICから車で10分 🅿 16台

駐車スペースに車を停めてゆっくり橋のある景色を楽しめる

2つの県をつなぐ
虹の懸け橋を爽快ドライブ

31

# 秋
紅葉の輝きに
染まる頃

## 飛騨国分寺 ➡P.58

ひだこくぶんじ

高山駅周辺 MAP 付録P.8 B-3

飛騨随一の古刹。風格漂う境内にそびえる三重塔と、国の天然記念物である大銀杏のコントラストが見事。大銀杏の紅葉は11月中旬から下旬まで楽しめる。

樹齢1250年以上と伝わる
大銀杏が美しく染まる

国分寺のイチョウの葉がすべて
落ちれば雪が降ると伝えられる

真っ赤なモミジに城が囲まれる様
子から「天守炎上」と謳われる

## 郡上八幡城 ➡P.96

ぐじょうはちまんじょう

郡上八幡 MAP 付録P.12 C-3

標高354m、八幡山の山頂に建ち、日本最古の木造再建城として知られる山城。紅葉の名所としても名高く、11月中旬には城内のモミジがライトアップされる。

天空にそびえる城が
奥美濃の夜に浮かぶ

鍋平園地には遊歩道があるので
散策を楽しむこともできる

『古今和歌集』にも詠まれた
美しい紅葉の名所

## 北アルプス大橋
きたアルプスおおはし

新穂高温泉 **MAP** 付録P.17 F-3

中尾高原と鍋平高原を結ぶ
全長150mの橋は、ドライブ
コースとしても人気。10月
中旬以降には一帯が紅葉に
包まれる。

☎ 0578-89-2458（奥飛騨温泉郷観
光案内所）所高山市奥飛騨温泉郷
中尾 交JR高山駅から車で1時間
30分 Pなし

絶壁から轟音を立てて
流れ落ちる勇壮な滝

## 白水滝
しらみずのたき

大白川 **MAP** 付録P.2 A-3

白山国立公園の原生林
に囲まれた高さ67.4m、
幅8mの滝。滝の名は、
水の色が乳白色に見え
ることに由来。紅葉の
シーズンは10月初旬か
ら下旬。

☎ 05769-6-1311（白川村役場）
所白川村平瀬大白川 交東海
北陸自動車道・白川郷ICか
ら車で50分 Pあり ※11
〜5月は閉鎖

県道451号は10月末頃〜6月
上旬頃まで閉鎖されるので注意

白銀に覆われる
北アルプスの名峰

ガラス面が拡大され、防曇・防凍
ガラスになった新しいゴンドラ

## 新穂高ロープウェイ

しんほたかロープウェイ

新穂高温泉 **MAP** 付録 P.17 F-1

国内唯一の2階建てゴンドラ
に乗って、標高2156mに位置
する西穂高口駅の展望台へ。
展望台からは、360度のパノラ
マが広がる。冬、山々は雪に
包まれ、幻想的な姿を見せる。

➡ **P.128**

➡ **P.128**

## 荻町合掌造り集落

おぎまちがっしょうづくりしゅうらく

荻町 **MAP** 付録 P.15 E-3

12月から3月にかけて、2m近
くの積雪となる白川郷。大
小100棟余りの合掌造り家屋
があり、真っ白に雪化粧を
した姿は幻想的で冬ならで
はの眺めを楽しめる。

➡ **P.110**

➡ **P.110**

山懐に抱かれた集落に
訪れる長い冬

荻町城跡展望台と城山天守閣展望
台の2つの展望台から見下ろせる

特集●山国を彩る四季の絶景

34

# 高山

藩主・金森氏と旦那衆と呼ばれる
豪商によって築かれた町は、
当時の面影を色濃く残す。
古都とも称され、
緑豊かな山あいに築かれた
美しい町の旅情に浸りながら、
散策を楽しみたい。

豪商たちの
美意識が
今なお漂う
飛騨の中心

## エリアと観光のポイント
# 高山はこんな町です

豪商によって築かれた町は当時の面影を色濃く残す。
美しい町の旅情に浸りながら、散策を楽しみたい。

テイクアウトグルメを
楽しみながら散策したい

高山 ● 歩く・観る

### 趣ある町並みをのんびり歩く
# 古い町並周辺 ➡ P.38
ふるいまちなみしゅうへん

江戸時代に城下町として発展した観光
のメインエリア。昔ながらの町は重要伝
統的建造物群保存地区に指定されて
いる。

| 観光のポイント | 古い町並 ▶ P.38 |
| | 日下部民藝館 ▶ P.53 |

➡ 日下部民藝館
の現在の建物は
明治12年（18
79）に再建され
たもの

### 旅人を迎える町の玄関口
# 高山駅周辺
たかやまえきしゅうへん

観光の拠点となる高山駅。周辺には三
重塔がそびえる古刹・飛騨国分寺や全
国で唯一現存する代官所・高山陣屋な
どの見どころがある。

| 観光のポイント | 高山陣屋 ▶ P.50 |
| | 飛騨国分寺 ▶ P.58 |

### 山裾に広がる風格漂う寺の町
# 東山寺町 ➡ P.54
ひがしやまてらまち

高山城主・金森長近が京都の東山にな
ぞらえて城下町を整備した際、由緒あ
る寺社を集めたことで誕生した。各寺
社は遊歩道で結ばれている。

| 観光のポイント | 素玄寺 ▶ P.54 |
| | 城山公園 ▶ P.55 |

高山郊外の町へ

### 清流と蔵が印象に残る
# 飛騨古川 ➡ P.88
ひだふるかわ

白壁土蔵に沿って瀬
戸川が流れる懐かし
い雰囲気の漂う町。
飛騨の職人技が光る
伝統工芸や祭りでも
知られる。

飛騨古川駅

高山駅周辺
飛騨国分寺卍
高山駅北
国分寺西 国分寺東
高山濃飛バスセンター
高山駅
郵便局
高山駅南

36

宮地家住宅 ★

高山祭屋台会館

櫻山八幡宮

おみやげの定番、さるぼぼの由来は、飛騨の方言の「さる（猿）」と「ぼぼ（赤ちゃん）」から

平湯温泉 ↗

吉島家住宅 ★
日下部民藝館 ★

やよい通り

宮川

古い町並周辺

安川 ── 安川通り

宝橋

大雄寺 卍

卍 卍 卍
卍 卍

158

158

素玄寺 卍

国分寺通り

鍛冶橋

鍛冶橋

本町通り

高山市図書館
煥章館

飛騨高山まちの博物館 ★

駅前中央通り

さんまち通り

上一之町

善応寺 卍

広小路通り

462

筏橋西

宗猷寺 卍

中橋

東山寺町

高山陣屋 ★

陣屋前

城山公園

462

## 奥美濃の水の町

### 郡上八幡 ➡ P.94

ぐじょうはちまん

名水「宗祇水」で知られ、水路のある町並みが美しい城下町。夜通し踊る「郡上おどり」の地としても有名。

### 南飛騨の温泉街

### 下呂温泉 ➡ P.98

げろおんせん

日本三名泉に数えられる下呂温泉では湯めぐりを楽しみたい。飛騨川沿いなどにある温泉宿に宿泊し、名湯を満喫。

小矢部砺波JCT
飛騨市
富山駅
飛騨古川
白川村
中部縦貫
自動車道
飛騨清見IC
高山IC
高山駅
高山市
158
156
東海北陸自動車道
257
41
257
471
長良川鉄道
156
郡上市
下呂市
下呂温泉
472
郡上八幡IC
濃飛横断自動車道
256
郡上八幡
一宮JCT
岐阜駅

## 交通 information

### 主要エリア間の交通

#### 鉄道・バス

| 五箇山（菅沼） | 奥飛騨温泉郷（新穂高ロープウェイ） |

⟳加越能バスで約40分 ※相倉口から約50分

⟳濃飛バスなどで約1時間45分

| 白川郷 | 飛騨古川駅 |

⟳濃飛バスなどで約50分〜1時間10分

⟳特急ひだで約15分

| 高山 | |

⟳濃飛バスなどで約1時間20分

⟳特急ひだで約45分

| 郡上八幡IC | 下呂駅 |

#### 車

| 五箇山IC | 奥飛騨温泉郷（新穂高ロープウェイ） |

⟳東海北陸自動車道経由15km

国道471・158号経由52km

| 白川郷IC | 飛騨古川駅 |

⟳東海北陸自動車道経由25km

⟳国道41号経由15km

| 飛騨清見IC | 高山 |

中部縦貫自動車道経由20km

東海北陸自動車道経由58km

⟳国道41号経由50km

| 郡上八幡IC | 下呂温泉 |

### 主要エリア間の交通

古い町並や高山陣屋などは徒歩で巡ることができる。高山から少し離れた飛騨の里へはさるぼぼバス（P.140）が便利。バスで主に移動するなら、観光施設の入場料金が割引になるフリー乗車券を活用したい。ほかにもレンタサイクルや観光タクシーなど移動手段は充実している。

### 問い合わせ先

観光案内

飛騨高山観光案内所　☎0577-32-5328
飛騨市まちづくり観光課
　　　　　　　　　　　☎0577-73-7463
下呂温泉観光協会　　☎0576-24-1000
郡上八幡観光協会　　☎0575-67-0002

交通

濃飛バス 高山営業所　☎0577-32-1160
加越能バス乗車券センター
　　　　　　　　　　　☎0766-21-0950
JR東海テレフォンセンター
　　　　　　　　　　　☎050-3772-3910

高山はこんな町です

## 400年の歴史を刻む美しい町
## 往古の面影を追って

# 古い町並

昔ながらの風情が残る古い町並では
文化的にも価値の高い建造物群を
じっくり見ながら歩きたい。

### 街歩きのポイント

**情緒ある町を歩く**
道幅が狭く、軒が低いのが
特徴。匠の技や建物の細
部が見やすく、散策には
うってつけ

**町家カフェで憩う**
情緒たっぷりの隠れ家風、
中庭のあるカフェなど多彩
に揃う

**ランチ&お買い物を満喫**
飛騨牛や郷土料理はぜひ
味わいたい。ただし閉店が
早いので注意

いたるところに残る歴史の痕跡が
訪れる者を楽しませてくれる

　江戸時代より城下町として栄え、今
も当時の町並みが残る「古い町並」。
高山市の中心部にあたる上一之町から
上三之町などと、下一之町から下三之
町などの2つのエリアからなり、それぞ
れ国の重要伝統的建造物群保存地区
に選定されている。飛騨色といわれる
渋く落ち着いた木造の町家が並び、メ
インストリートの上三之町周辺には郷
土料理店、和雑貨店、カフェ、老舗の
酒蔵などが集まり賑わいをみせる。

→町並みを眺めながら、名物
グルメや買い物を楽しみたい
→時間が止まったような、昔
のたたずまいを残す

## 手作りの品がズラリ並ぶ
## 飛騨高山宮川朝市

ひだたかやまみやがわあさいち
輪島、勝浦と並ぶ日本三大朝市として知られ、鍛冶橋~弥生橋間で毎日開かれる。

➡P.80

鍛冶橋の欄干にあるユニークな神話の人物「手長・足長像」。撮影スポットにもなっている

古い町並のほぼ中央にある観光案内所。地図やパンフレットがもらえる

### 風情ある人力車を体験
## ごくらく舎
ごくらくや
人力車で見どころを巡り、街を熟知したガイドの案内も聞ける。中心部と中橋詰で乗車できる。

☎0577-32-1430 所高山市若達町1-31 営8:30~17:00 11~3月9:30~16:00 休暴風雨、大雪の日 料2人乗り1台15分4000円~、3人乗り1台15分6000円~

宮川に架かる鮮やかな赤い中橋は、高山のシンボル

## 飛騨の歴史を感じる代官所
## 高山陣屋 ➡P.50
たかやまじんや
江戸時代、中央から派遣された代官や郡代の役所だった場所。江戸時代の様子が復元された内部は見応え十分。

---

古い町並
安川通りを境に、北側の下町と南側の上町からなる。重要伝統的建造物群保存地区に選定されている。

P.53日下部民藝館 ★
弥生橋
吉島家住宅 ★
P.53 日下部民芸館口
R 京や P.73

茶房 卯さぎ P.42
C
八幡局
飛騨高山宮川朝市 S

行神橋
下一之町
下二之町
下三之町

CR 布久庵 P.42
S なべしま銘茶 P.83
P.47
S 飛騨スタイルマーケット
匠館
S 分隣堂 P.82
安川

P.47 六拾番 S
古い町並口
安川通り
古い町並口

鍛冶橋 ✕
安川交番
P.45 脇茶屋 R
P.83 飛騨小町 S
飛騨高山まちかど観光案内所
P.46 のぐちや S
P.47 こって牛
P.76 本舗飛騨さしこ S
柳橋
さんまち通り
夜橋 さんまち通り
さんまち通り
筏橋西
P.44 久田屋 R
P.48 原田酒造場 S

P.29 中橋 ★
陣屋前

高山陣屋 ★

江名子川
屯 高山別院

## 古い町並

P.75
R 手打ちそば 恵比寿
S 老田酒造店 P.49
C カフェ青 P.43
渋草焼 窯元 芳国舎 P.77

S 茶乃芽 P.47
R 御食事処 坂口屋 P.46
S さん陣 P.47
C 喫茶去 かつて P.43

S 船坂酒造店 P.48
S 高山ラスク P.82
C 飛騨版画喫茶ばれん P.43
S いわき P.82
S 馬印 三嶋豆本舗 P.82
R 洲さき P.61/P.67

下町 しもちょう
安川通りより北側にある下一之町~下三之町エリア。高山の伝統的建造物群保存地区に指定され豪商宅や老舗が連なる。

上町 かみちょう
上一之町~上三之町のエリア。伝統的建造物群保存地区ならではの風情ある町家が並び、みやげ物店などで賑わう。

飛騨高山まちの博物館
R 旬亭なか川 P.71
S 平瀬酒造店 P.49
上一之町
S 醸造元角一 P.83

N
0 50m
城山公園

## 木組みの優美な意匠は必見
## 吉島家住宅 ➡P.53
よしじまけじゅうたく
造り酒屋を営む豪商であった吉島家の住宅で、伝統的な高山の町家建築が見られる。

古い町並

## 高山の歴史と文化が集結
## 飛騨高山まちの博物館 ➡P.63
ひだたかやままちのはくぶつかん
江戸時代の豪商の土蔵を利用して飛騨の歴史、産業、工芸などを展示。建物の細部も見逃せない。

# 建物や通りを彩る季節の装い

# 古い町並 折々の顔

江戸時代の情景が今も残る古い町並。
町をそぞろ歩くと目に入る、
四季の花々や風物に
旅人の心がときめく。

## 夏×七夕

高山の季節行事は1ヵ月遅れで行う風習がある。8月上旬、上三之町は七夕飾りの賑やかな色彩に染まる。

## 春×藤

晩春、薄紫色の藤が美しい花を咲かせた町並みは、高山を代表する景観。歴史ある町家にあでやかな色を添える。

## 夏×アサガオ

町家の玄関先、鉢に植えられたアサガオが咲く頃、古い町並に夏が訪れる。出格子とアサガオという組み合わせが、涼やかな風情を演出する。

秋×紅葉
宮川に架かる中橋周辺は紅葉の名所。10〜11月には夕暮れとともにライトアップされ、闇夜に赤や黄が映える。

冬×雪
一面に雪が積もり、静けさに包まれた古い町並。白銀の装いに、古い町並はいっそう奥ゆかしさを増す。

冬×雪
雪化粧した中橋。わずかに顔を出す赤色と町を包む白銀の対比が、幻想的な光景を生む。

## 町並みの特徴

飛騨に入国した金森長近は、築城と同時に城下町の整備を行った。江戸から明治にかけての町家が今も見られる。

古い町並

### 低い軒 ひくいのき

軒が低い町家が連なることで、古い町並の独特の景観を作っている。

### 杉玉 すぎたま(だま)

造り酒屋で新酒ができると青々とした杉玉が飾られる。茶色に枯れてくると酒も熟成したことがわかる。

### 明り取り あかりとり

隣と隙間なく並び、間口も狭く、奥に長い造りの建物に採光するため、天窓が設けられた。

### 出格子 でこうし

窓から少し張り出すように設けられた、出窓のように見える格子窓。目隠しと明り取りの役目を果たす。

### 三町用水 さんまちようすい

建て込んだ町家を火から守るための防火用水。家々の軒下を流れ、夏には打ち水にも使われている。

### 屋台蔵 やたいぐら

組ごとに持つ、高山祭に使われる豪華な屋台を収めるための蔵。普段は中を見ることはできない。

41

江戸、明治の情景が浮かぶレトロな空間で憩いのひととき

# なつかしい和のぬくもり

町家&
古民家カフェ

古い町並に点在する町家や古民家を利用した和みのカフェ。
この"和"に浸るのも高山の旅のひとこま。

## 老舗呉服店が営む
## 茶房&着物レンタル

### 布久庵
ふきゅうあん

**MAP** 付録P.9 D-2

明治29年(1896)創業の老舗呉服店が営むカフェ&着物レンタル店。明治時代の町家古民家を利用した店内で、風情ある中庭を眺めながらティータイムが楽しめる。

☎0577-34-0126(レンタル0577-35-0126)
🏠高山市下一之町17
🕐11:00～17:00 着物レンタル9:30～18:00
🏠火曜 🚃JR高山駅から徒歩13分 🅿あり

1.ファミリー専用の席も完備。テーブル席のほか座敷もある 2.布久パフェ1680円。きなこソフト、わらびもち、抹茶ゼリーなど和スイーツ満載の人気パフェ 3.飛騨産の米粉を使ったキャラメルパンケーキ1680円～ 4.レンタルの着物は古典柄からトレンド柄まで豊富に揃う

## 伝統とモダンの融合空間で
## しばし旅の疲れを忘れる

### 茶房 卯さぎ
さぼう うさぎ

**MAP** 付録P.9 D-2

古民家をモダンに改装したカフェ。高山では2棟のみの珍しいレンガ造りの蔵が庭にあり、店内には多くのウサギの置物も。来店客を温かい雰囲気で包んでくれる。サイフォンで淹れるコーヒーが香り高い。

☎0577-57-7476
🏠高山市下二之町40 🕐10:00～L016:00(土・日曜、祝日は～16:30) 🏠水・木曜(祝日の場合は翌日) 🚃JR高山駅から徒歩13分 🅿あり

1.抹茶ティラミスセット1000円～。抹茶のシフォンケーキとティラミスが入った枡スイーツ 2.夢卯さぎごぜんセット（1日10食限定）1100円。一番人気の贅沢なセット。ぜんざい、シフォンケーキ、プリンを堪能 3.デザインが素晴らしい大きな木の看板が目印。店内にはギャラリーもある 4.座敷から続くおしゃれなテーブル席

## 造り酒屋の奥にある
## センスが光る和カフェ

# カフェ青
カフェあお

**MAP** 付録P.10 B-3

老田酒造店(P.49)の敷地にある
和カフェ。大きな囲炉裏がある
部屋が入口でここで靴を脱いで
上がる。雑貨店の姉妹店だから
和雑貨や家具のコーディネート
も好評。和の雰囲気に浸りなが
らゆったりお茶ができる。

☎0577-57-9210
所高山市上三之町67 老田酒造店敷地内
営10:00～17:00(LO16:30)
休不定休
交JR高山駅から徒歩10分 Pなし

1.中庭を眺められる窓辺の席。町家風情を感じたいならここ
2.カラフルな白玉が美しい、雪玉ぜんざい650円。温と冷の選択
可　3.抹茶パフェ(ドリンクセット)1200円。抹茶寒天とほうじ
茶のブランマンジェをベースに　4.随所に和雑貨が配置された
癒やしの空間。雑貨の販売も行われている

## スイーツを楽しみながら
## 多彩な版画作品を鑑賞

# 飛騨版画喫茶ばれん
ひだはんがきっさばれん

**MAP** 付録P.11 E-2

飛騨は古くから版画芸術が盛ん
な地。店内にはさまざまな作家
の版画作品が展示され小美術館
のようだ。こうした作品を鑑賞
しながら、生ジュースやクリー
ムあんみつなど多彩なドリンク
やスイーツが楽しめる。

☎0577-33-9201
所高山市上三之町107
営8:30～17:00 冬季9:00～16:30
休木曜不定休
交JR高山駅から徒歩12分 Pなし

1.白玉とわらび餅が入った抹茶パフェ800円。大納言小豆のつぶ
餡の甘さと抹茶の風味が絶妙に絡み合う
2.所狭しと並ぶ版画作品。中央の吹き抜けには圧巻の大型作品が
3.手作りぜんざい850円。春慶塗のお盆にのったぜんざいは香ば
しい焼き餅入り。小豆は北海道産の大納言を使用、小梅付き
4.築約180年の町家の建屋

## 格子戸からは古い町並
## 手元には絶品スイーツ

# 喫茶去 かつて
きっさこかつて

**MAP** 付録P.10 C-2

グラフィックデザイナーのオー
ナーが経営する和モダンなカフ
ェ。築後約160年の建物に配さ
れたセンスあふれるカウンター
席からは、風情ある格子窓越し
に古い町並を行き交う人々の姿
が眺められる。

☎0577-34-1511
所高山市上三之町92
営10:00～17:00(LO16:30)
休水曜
交JR高山駅から徒歩10分 Pなし

1.和風パフェあまがさね1300円(日本茶付き)。抹茶アイスクリー
ム、麩菓子、小豆、わらび餅など多彩な甘味が層をなして重なる
2.壁面にはウィットに富んだイラストを展示
3.甘酒をかけて食べる独創的な白いパフェ、雪どけ800円。ソー
ダ水のジュレと塩せんべいがアクセントに
4.カウンター席は2階の畳席にもあり、古い町並が見下ろせる

飛騨牛ほうばみそ定食
2100円
コクが深い自家製味噌を絡めながら上質な飛騨牛が楽しめる人気の定食。山菜と煮物の盛り合わせ、淡雪とうふも味わえる

飛騨牛しぐれ
茶そばセット 1700円
しっかり煮込まれた飛騨牛のしぐれ煮のお茶漬けは絶品だ。喉ごしが良く豊かな風味の茶そばも堪能できる

**素朴でちょっと贅沢なランチ**

# 山の恵みと飛騨牛と

贅沢な飛騨牛、伝統の豆腐料理、継承された在郷煮物など
山深い暮らしが育んだ自慢の郷土料理で楽しい旅の味付けを。

## 久田屋

ひさだや

**MAP** 付録P.11 D-2

**料理旅館時代の伝統の味を
現在に伝える老舗で舌鼓**

重厚な町家造りの店舗は江戸時代末期に建てられた。料理旅館として創業し、厳選した地元の食材を使い飛騨の伝統料理の味を今に伝える。店内には代々伝わる掛軸や骨董品などが並び、この店の歴史を感じさせる。

☎0577-32-0216
🏠高山市上三之町12 🕐10:30〜LO14:00
🈺不定休 🚉JR高山駅から徒歩10分
🅿なし

↪玄関を入れば今も現役で使われている大きな囲炉裏が出迎える

↑軒を包み込んだ藤の木の緑。シーズンには美しい花が見られる

飛騨牛陶板みそ定食
2800円
自家調味の味噌に5種の野
菜と、飛騨牛を炭火で焼い
て食す。そば(うどん)、ご
飯、香物、皿盛りが付いて
ボリューム満点

# 脇茶屋

わきぢゃや

**MAP** 付録P.10 B-3

## 気軽に入れる郷土料理の店
## メニューも豊富に揃う

高山陣屋(P.50)近くにある食事処「脇
陣」の姉妹店。贅沢な飛騨牛を使った
料理のほか、山菜そば(うどん)、とろ
ろそば(うどん)など手軽に食べられ
るメニューも豊富。気軽に利用でき、
値段も手ごろなのがうれしい。

☎0577-32-0981
所高山市上三之町52 営11:00〜15:30
休水曜(要問い合わせ)
交JR高山駅から徒歩10分
Pなし
🔽藍染めの暖簾に瓢箪の絵が描かれている

茶屋定食 1700円
アマゴの甘露煮はシー
ズンにより鮎に変更。
在郷煮物の盛り合わせ
のほかに、豆腐と季節
の小鉢が付く

🔽店内奥にある広
い座敷。昔の知恵
である明り取りか
ら陽光が差し込む

古い町並で食べる・買う

45

## のぐちや

MAP 付録P.10 C-2

**老舗の豆腐製造店の直営で
多彩に揃う飛騨の豆腐料理**

創業から約100年という老舗の豆腐製
造店が創業の地で営む豆腐料理の専
門店。香り高い生湯葉の刺身、大豆
の香りが口いっぱいに広がり、ふわ
ふわな食感が絶妙のあわ雪豆腐など、
製造元ならではの料理が揃う。

☎0577-33-7563
所高山市上三之町35
営10:00～16:30 休不定休
交JR高山駅から徒歩10分 Pなし

↑テーブル席と奥に座敷がある。もとは
この店先で豆腐の製造を行っていた

**ゆば豆腐定食
1800円**
7種類もの湯葉と豆腐が
味わえる贅沢な定食。
生湯葉の刺身のほか、
飛騨地方独特のぎせい
焼き、こもどうふなど
も楽しめる

**田楽定食 1000円**
自慢の豆腐を使った田楽が4本に、菜飯、
ぎせい焼き、あわ雪豆腐、湯葉の吸い物、
赤かぶ漬けが付いてこの値段はうれしい

## 御食事処 坂口屋

おしょくじどころ さかぐちや

MAP 付録P.10 C-2

**水車からくりが出迎えてくれる
上質な飛騨牛料理の名店**

店の前の水路の流れを利用した水車
からくりが目印。良質な飛騨牛を使
った料理が豊富で、飛騨牛を使った
握り寿司をえびせんにのせて食べ歩
きができるスタイルをつくり、今や飛
騨の名物に。店奥の土蔵で高山祭屋
台の模型も展示している。

☎0577-32-0244
所高山市上三之町90 営10:30～15:00
休火曜 交JR高山駅から徒歩10分 Pなし

**飛騨牛プレミアムにぎり寿司
900円(2貫)**
飛騨牛の希少部位の肉を使った1ラン
ク上の極上の握り寿司。高山で長く愛
され続けている逸品だ

**そこがみそステーキ
3900円(100g)**
A5等級の飛騨牛を使った
朴葉味噌定食。サシが入っ
た牛肉はとろけるような
やわらかさ。秘伝の味噌ダ
レで。150g4800円

↑もとは明治末期創業の宿屋。当
時が偲ばれる品々を展示している

↑水路の水流によって回る水車の動力で動
く店頭のからくり人形は記念撮影ポイント

↑玄関を入ると広い囲炉裏の部屋
が。多くの旅人を迎え入れてきた

Ⓐ 五平餅 300円
クルミの実が入った
まったり甘いタレが
くせになる。もちも
ちの食感でファンも
多い

Ⓐ みたらし
だんご 100円
醤油の香ばしい香
りが口いっぱいに
広がる。醤油ベー
スのシンプルな味
わいも好評

Ⓑ 飛騨牛塩赤身串
600円(1本)
飛騨牛のなかでも最上
のA5ランクのお肉を串焼き
で。肉の味を最大限に生か
すために味付けは塩のみ

Ⓑ 飛騨牛とろ煮 900円
飛騨牛の肩ロース
とスジ肉などを1日
じっくり煮込んで
地場産の味噌で味
付けした

# お手軽に
## テイクアウトして
## 美しい通りを歩く
# 飛騨のおやつ

古い町並はテイクアウトグルメ天国。
庶民的なみたらし団子から高級な飛騨牛まで
バラエティに富んだ名物グルメを堪能。

Ⓒ 本抹茶ソフト 500円
贅沢にも本抹茶をふんだん
に練り込んだソフトクリー
ム。芳醇な香りが楽しめる

Ⓒ まるっぽみかん 100円
ミカンを自家製シロップに漬
けて冷凍に。口当たりもやさ
しくお手軽デザートに最高

Ⓓ 飛騨牛 三種盛り 1000円
竹炭塩、しょうが醤油で味わう2
種類の握りに、軍艦巻きが付い
た贅沢な盛り合わせ

---

木製ティッシュケース
5500円
木材を等間隔につなげて
丸みを帯びたシルエット

木製長角トレー
6690円～
匠館のプライベートブランド
「TaKuMi craft」のトレー。樹種は
4種類、サイズもS・M・Lと種類豊
富にラインナップ

清らかな水と熟練の技から生まれる極上の日本酒を探す

# 老舗の酒蔵を訪ねて

豊かな湧水と良質米が育んだ飛騨高山の酒造り。江戸期から継承された銘酒に全国の日本酒ファンが集う。

## 古い街並みに佇む 日本酒のテーマパーク

### 舩坂酒造店
ふなさかしゅぞうてん

**MAP** 付録P.11 D-2

創業は江戸末期、約200年の歴史を有する蔵元。岐阜県知事認定の卓越した技能者を頭に手造りの伝統を大切にしつつも、時代に合わせた斬新な商品展開を行う。

⬆日本酒造りを生かしたみやげも揃い多くの観光客を集める

☎0577-32-0016 ⓐ高山市上三之町105 ⏰8:30～18:00 休不定休 交JR高山駅から徒歩10分 Pなし

## 飛騨人の蔵人が仕込む 正真正銘〝飛騨の酒〟

### 原田酒造場
はらだしゅぞうじょう

**MAP** 付録P.11 D-2

安政2年(1855)創業から10代続く。冬季醸造、手造りを頑なに守り、創業から継承されてきた代表銘柄「山車」は、12年連続でモンドセレクション金賞を受賞している。

⬆地酒チーズケーキや地酒カレーなど酒を使った独自商品も多い

☎0577-32-0120 ⓐ高山市上三之町10 ⏰8:00～18:00(11～3月は～17:30) 休無休 交JR高山駅から徒歩10分 Pなし

---

**大吟醸**
### 四ツ星
720㎖ 5680円

精米歩合40%を誇る大吟醸。洗練されたフルーティなテイストは白ワインのようにやさしい味わい

**蔵元限定販売酒**
### 杜氏の宴
720㎖ 2200円

岐阜県より「卓越した技能者」を認定されたときより販売開始した蔵元限定販売酒。濃厚な味とすっきり感が味わえる

**本醸造酒**
### 山車 金印上撰 辛くち
720㎖ 1080円

難関であるモンドセレクション「アルコール部門」金賞を9年連続受賞した「飛騨の辛口」という愛称の銘酒

**純米吟醸**
### 花酵母造り
720㎖ 1815円

「アベリア」という花から採取した酵母を使用。果実酒のような華やかで甘い味わいと香りが特徴

甘 ──○────── 辛

| ロック | 冷や | 常温 | ぬる燗 | あつ燗 |

甘 ──○────── 辛

| ロック | 冷や | 常温 | ぬる燗 | あつ燗 |

甘 ──────●── 辛

| ロック | 冷や | 常温 | ぬる燗 | あつ燗 |

甘 ──────●── 辛

| ロック | 冷や | 常温 | ぬる燗 | あつ燗 |

---

**こちらも おすすめ**

↪ゆず兵衛500㎖ 1480円。日本酒と厳選した国産ゆずをブレンドしたゆず酒

↪糀の甘酒 甘糀ドリンク 500㎖ 780円。米と米麹のみで造った自然な甘みのノンアルコール飲料

**こちらも おすすめ**

↪山車 地酒ぷりん1個480円。山車辛くちを練り込んだ大人の味のプリン。アルコール度高め

↪地酒チーズケーキバー5個入り865円。山車辛くち×チーズのコラボ。日本酒感がしっかり残る人気のチーズケーキ

---

↪専用コイン1枚とおちょこを購入し、飲み比べが楽しめる

↪ゆったりできる休憩所。年中、隣接する酒蔵を自由に見学できる

高山 ●歩く・観る

## 「飛騨の酒」のこと

良質な水と米に恵まれた飛騨は日本酒ファンなら誰もが知る酒どころ。古い町並周辺に蔵元が点在しており、毎年1月中旬から2月下旬にかけて酒蔵の一般公開も行われる。

## 日本酒データの見方

**味わい**

甘 ●━━━━━━○━━━━━━ 辛

辛口、甘口の目安になるのが日本酒度。辛口＝日本酒度が高い（糖分が低い）、甘口＝日本酒度が低い（糖分が高い）

**飲み方**

| ロック | 冷や | 常温 | ぬる燗 | あつ燗 |

同じ水、米を使っても製法や精米歩合によりテイストはさまざま。各店がすすめる日本酒ごとに好適な飲み方を紹介します

---

「鬼ころし」が代表する
飛騨の辛口酒が勢揃い

## 老田酒造店
おいたしゅぞうてん

**MAP** 付録P.10 B-3

辛口の日本酒の代名詞「鬼ころし」はこの蔵元の看板ブランド。飛騨産の酒米、飛騨山脈の湧水にこだわり、1720年代の創業以来約300年間の伝統製法を今に伝える。

↑現在は酒蔵を清見に移転。古い町並の店舗は直営店で、町家を改装
☎0577-32-0166 ㊟高山市上三之町67 ㉕9:00〜17:00 ㉔不定休 ㉓JR高山駅から徒歩10分 Ｐなし

---

えび坂に蔵を構える
創業約400年の蔵元

## 平瀬酒造店
ひらせしゅぞうてん

**MAP** 付録P.9 E-3

創業年代は不明だが過去帳には、元和9年(1623)の記録が見られ、以来15代約400年を数える。代表銘柄「久寿玉」はその縁起の良い名で、祝い酒としても人気が高い。

↑現在の店舗兼酒蔵は大正4年(1915)に建てられたもの
☎0577-34-0010 ㊟高山市上一之町82 ㉕9:00〜17:00 ㉔無休 ㉓JR高山駅から徒歩12分 Ｐあり

（右側余白・縦書き）古い町並で食べる・買う

---

**純米大吟醸原酒**

### 飛騨自慢
### 鬼ころし

720mℓ 3850円

原酒ならではの存在感がある、やや辛口の純米大吟醸

甘 ●━━━━━━━○━ 辛

| ロック | 冷や | 常温 | ぬる燗 | あつ燗 |

---

**純米大吟醸**

### 夢悠遊

720mℓ 1980円

端麗でさわやかな飲み心地でありながら、喉ごしで辛さを感じさせる。現在、この蔵元で一番人気の酒

甘 ●━━━━━○━━━ 辛

| ロック | 冷や | 常温 | ぬる燗 | あつ燗 |

---

**大吟醸**

### 久寿玉大吟醸

720mℓ 3850円

山田錦を40%まで精米。フルーティな香りが高く、なめらかな酸味が上品な大吟醸。化粧箱入り

甘 ●━━━━━○━━━ 辛

| ロック | 冷や | 常温 | ぬる燗 | あつ燗 |

---

**特別純米**

### 久寿玉
### 手造り純米

720mℓ 1430円

米と米麹だけで仕込んだ。ソフトでなめらかな旨み成分とキメの細かい酸味とのバランスが絶妙

甘 ●━━━━━○━━━ 辛

| ロック | 冷や | 常温 | ぬる燗 | あつ燗 |

---

**こちらもおすすめ**

→敷地内にはカフェ青(P.43)を併設。ぜんざいやパフェなどのスイーツが充実している

↓オリジナル焼酎の種類も豊富な品揃え

---

**こちらもおすすめ**

→清酒仕込うめ酒720mℓ1650円。日本酒＋梅エキスによる新感覚の梅酒。ストレートかロックで

↓500円で試飲も体験できる

→ミニ樽300mℓ2500円。岐阜県産米65%精米の本醸造「久寿玉」のミニ樽。祝いの贈答にもおすすめ

49

## 幕領時代の歴史が刻み込まれた遺構

# 高山陣屋
たかやまじんや

**江戸時代そのままのたたずまいに**
**飛騨の深い歴史を感じる**

元禄5年(1692)に飛騨が幕府の直轄
領となったのち、飛騨の行政の中枢を
担った役所。以来、明治維新を迎える
までの176年間にわたって25代の代官・
郡代が江戸からこの陣屋に派遣され
た。明治以降も地方行政の役所として
使用され、昭和4年(1929)に国史跡
に指定された。

高山駅周辺 **MAP** 付録P.11 F-4

☎0577-32-0643 🏠高山市八軒町1-5 🕐8:
45〜17:00(11〜3月は〜16:30) 🈺無休 🈹
440円(30人以上は390円)、高校生以下無料
🚃JR高山駅から徒歩10分 🅿なし

## 役宅の庭園
### やくたくのていえん
縁側から四季折々の景色をゆったり眺められる。

## 玄関
### げんかん
葵の御紋が掲げられた玄関。下層の屋根は柿葺き（こけらぶき）となっている。

郡代の役宅

元締役宅跡

手附・手代役宅跡

庭

御蔵

広間

御用場

御役所

書物蔵

御白洲（北）

玄関

御白洲（南）

門番所

古い町並

表門

蔵番・長屋

陣屋前広場

高山陣屋

## 表門　おもてもん
### 江戸時代の遺構
出迎える表門は、門番所とともに天保3年（1832）に改築されたもの。この門前で毎朝、高山陣屋前朝市（P.81）が開催されている。

## 広間 <small>ひろま</small>
### 書院造りの空間
文化13年（1816）に改築された広間。年中行事などに使用された場所で、全体で49畳の広さになる。

⬅着任時のあいさつの場としても用いられた

注目ポイント
### 真向兎 <small>まむきうさぎ</small>
柱の釘隠しに使われたウサギの形をした金具。江戸時代に流行したデザインといわれている。

⬅ウサギを正面から見た図柄となっている

## 御蔵 <small>おんくら</small>
### 国内に現存する米蔵で最大最古
元禄8年（1695）に高山城三の丸から移築され、年貢米の蔵として使われた。現在はさまざまな資料を展示。

⬆1部屋に2000俵を収納したといわれる

注目ポイント
### 匠の技術を展示
御蔵の周囲には、榑葺き（くれぶき）屋根などの模型が展示されている。

⬅板を重ねて造られた榑葺き屋根の展示

## 御役所 <small>おんやくしょ</small>
### 上位役人が執務をした部屋
代官所の中枢の部屋で、手附・手代などの役人がこの部屋で勤務をした。

⬆この部屋で5人前後が執務にあたった

## 御用場 <small>ごようば</small>
### 地役人の仕事の場
御役所が上位役人の部屋ならこの御用場は、地元採用の役人の執務室。山林の管理など専門的な仕事を担った。

⬆地元で採用された地役人が執務をした35畳の部屋で、御役所に隣接している

## 御白洲 <small>おしらす</small>
### 拷問具が展示された裁きの場
罪人の裁判を行い、手附・手代や代官・郡代が裁決を言い渡した場所。

⬆人々を威圧するため拷問用具も置かれていた

注目ポイント
### 拷問「石抱」 <small>いしだき</small>
江戸時代に行われた拷問「石抱」。罪人を角材台に座らせて、膝の上に石をのせて取り調べを行った。

⬆1枚約40kgあるという石を展示

⬆江戸期の図面にて1996年に復元

## 郡代の役宅 <small>ぐんだいのやくたく</small>
### 歴代の郡代が暮らした住居
江戸時代には珍しい3階建ての住居内には、居間、座敷、台所のほか、茶室や女中部屋などがある。

### 行政を司った役人たち
代官や郡代が中心となり行政、警察、裁判など多岐な仕事を行うなか、さまざまな役人が執務にあたった。

#### 代官（のち郡代）
代官と郡代の違いは支配地の規模。10万石以上が郡代、5万石以上が代官。飛騨では管轄地が増え、また年貢の石高を増やして、安永6年（1777）、郡代に昇格した。

#### 手附・手代 <small>てつけ・てだい</small>
代官（郡代）は職務遂行のため家臣（手代）を伴って着任。また幕臣の手附を雇い入れたこともあり、彼らは陣屋内の役宅に居住した。

#### 地役人
土着の陣屋付き下級役人のこと。地役人はもと高山城主の金森氏の下級家臣（浪人）であり、初代代官・伊奈忠篤によって登用された。

高山●歩く・観る

## 町家建築に高山の粋が根付く
# 名工の美意識にふれる

高山市街に点在する古い町家の屋敷。随所に残る名工の技。
旧家により異なる伝統美を巡れば、各々の歴史の深さに出会える。

## 日下部民藝館
くさかべみんげいかん
古い町並周辺 **MAP** 付録P.8 C-2

### 吉島家の女性的優美さに対し
### 日下部家の男性的な豪快美

幕領時代、日下部家は商家として栄
えた。吉島家住宅に隣接する日下
部民藝館も重要文化財で、明治12年
(1879)に建築。棟梁の川尻治助が、
骨太の木組みなど重厚な江戸時代
の建築様式の住宅を造り上げた。

☎0577-32-0072 📍高山市大新町1-52
🕐10:00～16:00(季節により変動あり)
🈺火曜 💴大人1000円、高大生500円、小中
学300円 🚉JR高山駅から徒歩15分 🅿なし

**注目ポイント**

毎年3月3日～4月3日に
飾られる。代々嫁入り道
具として持参された雛人
形がずらりと並ぶ

入口近くの展示室には日
下部家9代の花嫁が嫁い
でくるときに乗ってきた
駕籠を展示

江戸時代に300両(約1億
円)かけて作られた仏壇。
明治の大火から無事に運
び出された

**文庫蔵**
ぶんこぐら
展示館となっている文庫蔵。約2000点の
収蔵品を常時入れ替え展示。

**梁**
はり
釘を1本も使わずに
長さ約13mの梁が
組み上げられた吹
抜けは圧巻。

**囲炉裏**
いろり
台所には趣ある囲
炉裏が残る。主人
は仏間に背を向け
て座った。

**柿葺き屋根**
こけらぶきやね
柿材を一枚一枚細か
く竹の釘で留めて葺
いた屋根。細かい匠
の技に脱帽。

## 吉島家住宅
よしじまけじゅうたく
古い町並周辺 **MAP** 付録P.8 C-1

### 国内外から高い評価を受ける
### 飛騨の名工による最高傑作

代々酒造りを家業とした吉島家。重
要文化財に指定されているこの屋敷
は、明治38年(1905)の火災後に再
建されたもので、その棟梁は名工と
謳われた西田伊三郎。建築界では、
「吉島家は民家の最高峰」と称賛さ
れるほどで、見どころは土間の吹き
抜け部分、木組みの美しさだ。

☎0577-32-0038 📍高山市大新町1-51
🕐9:00～17:00(12～2月は～16:30)
🈺臨時休館あり(12～2月は火曜) 💴500円
🚉JR高山駅から徒歩15分 🅿なし

## 宮地家住宅
みやじけじゅうたく
古い町並周辺 **MAP** 付録P.8 C-1

### 奥に長く、中庭と土蔵が
### 町家造りの典型的な間取り

明治の大火直後に再建された標準
的な町家。奥に細長い間取りは典
型的な町家造りで、主屋、中庭、
土蔵が並んだ造りが特徴。大火を免
れた土蔵は江戸時代の建築、みせ
の間には蔀戸の痕跡が残る。

☎0577-32-8208
📍高山市大新町2-44
🕐9:00～16:30 🈺月
～金曜(祝日、秋の高
山祭の場合は開館)
💴無料 🚉JR高山駅
から徒歩20分 🅿なし

**うなぎの寝床**
うなぎのねどこ
間口が狭く、奥行き
が長い町家造りの
家は別名「うなぎの
寝床」と称された。

# 風情漂う遊歩道を歩く

# 寺院を訪ね 東山寺町散策

古い町並の東、江名子川右岸の小高い丘陵地に
寺院が立ち並び、寺と寺を結ぶ石畳の遊歩道は
四季折々に訪れる者を魅了する。

## 古刹と高山城跡を結ぶ 全長5.5kmの散歩道を歩く

高山城主の金森長近が城下町をつくるにあたり、町の東に位置する丘陵地に由緒ある寺社を集めたことで生まれた東山寺町。寺と寺が整備された石畳の道でつながり、歴史ある古刹や高台からの眺望も楽しめるコースは、日本情緒を味わいたい外国人観光客にも人気が高い。

↑遊歩道で歴史にふれながら散策

**1** 名工匠の建築を現在に伝える

### 大雄寺
だいおうじ

**MAP** 付録P.9 E-2

天正14年(1586)初代高山城主金森長近の命により建立された。江戸時代に入ると飛騨国の徳川家康公菩提寺に制定され、山門を始め現在の伽藍が整えられた。

☎0577-32-1463 所高山市愛宕町67 開休料拝観自由 交JR高山駅から徒歩17分 Pなし

↑文化4年(1807)に建築された重厚な山門は、市内唯一の楼門建築

**2** 金森氏の遺品も伝わる菩提寺

### 素玄寺
そげんじ

**MAP** 付録P.9 F-3

金森長近の菩提寺として可重が建立した。長近の遺品である鶴毛陣羽織や軍扇、長近の肖像なども伝わる。本堂は高山城三の丸の評定所を移築したもの。

☎0577-32-2519 所高山市天性寺町39 開休料拝観自由 交JR高山駅から徒歩20分 Pあり

↑境内の池泉鑑賞式庭園は、渓流や滝をあしらった名園で知られる

**3** 静かな坐禅堂で坐禅を

### 善応寺
ぜんのうじ

**MAP** 付録P.9 F-3

松倉城の元の城主であった三木氏の菩提寺であったが焼失し、寛永3年(1626)に金森氏によって再興され現在の地に移築された。予約制で坐禅体験(1000円、所要時間は1時間)ができる。

☎0577-32-4516 所高山市宗猷寺町177 開休料拝観自由 休不定休 交JR高山駅から徒歩20分 Pあり

↑本堂は大正時代に火災で焼失したが、その後再建されたもの

高山本線

高山駅北

昭和町(1)

START& GOAL

JR高山駅

高山駅南

左余白：高山 ● 歩く・観る

## 4 重層構造で威厳ある本堂
# 宗猷寺
そうゆうじ

**MAP** 付録P.9 F-3

寛永9年(1632)年に3代城主の金森重頼と弟の左京重勝により建立された。禅宗様と唐様が混交した重層構造。

☎0577-32-1958 📍高山市宗猷寺町218
🕐休🎫拝観自由 🚃JR高山駅から徒歩20分
🅿あり

➡維新の幕臣であった山岡鉄舟が幼少時代に学んだ寺でもある

## 5 城跡が残る市民憩いの場
# 城山公園
しろやまこうえん

**MAP** 付録P.9 E-4

日本有数の山城であった高山城の城跡。元禄年間(1688～1704)に取り壊され、跡地を公園に整備した。高山市街地を一望でき、桜や紅葉の季節は特に美しい。

☎0577-32-3333(高山市観光課) 📍高山市城山 🕐休🎫入園自由 🚃JR高山駅から徒歩20分 🅿あり

➡高山市街地が一望できる。天気が良い日には白山までも望める

さんぽの目安◆約1時間
## さんぽコース

| JR高山駅 |
| :-- |
| ⬇ 徒歩17分 |
| **1** 大雄寺 |
| ⬇ 徒歩3分 |
| **2** 素玄寺 |
| ⬇ 徒歩4分 |
| **3** 善応寺 |
| ⬇ 徒歩2分 |
| **4** 宗猷寺 |
| ⬇ 徒歩15分 |
| **5** 城山公園 |
| ⬇ 徒歩20分 |
| JR高山駅 |

※上記の「歩く時間」は神社仏閣／施設などの入口までの目安です。見学時間などは含みません。

➡高山別院の起源は鎌倉時代、開基は親鸞聖人の弟子・嘉念坊善俊と伝わる

**寺院を訪ね東山寺町散策**

高山城の黄雲閣を移築した雲龍寺の堂々とした鐘楼門が印象的

紅葉が見事な庭園のある天照寺はユースホステルも経営している

京都の東本願寺を本山とする真宗大谷派の高山別院。飛騨真宗の資料を公開

賑やかな「古い町並」を通る。宮川のたもとでは飛騨高山宮川朝市(P.80)が開かれる

高山駅と「古い町並」を結ぶ通り。アーケードがあるので雨のときも安心

町家が並び、カフェやみやげ物店がひしめく

飛騨国分寺 P.32/P.58/P.65

飛騨高山まちの博物館 P.39/P.63/P.65

高山陣屋 P.39/P.50

0 100m

❂雪と静寂に包まれる
冬はいっそう趣が増す

❂秋は合掌造りの民家と鮮やかな
紅葉が織りなす景色が見どころ

明治期に建てられた町家造り
を取り入れた農家。六ツデイ
という広間が特徴

本殿は旧河合村保にあった
鈿女神社を移築したもの。年
2回天井絵の公開がある

## 往時に思いを馳せる時間旅行

# 飛騨の里

ひだのさと

**耳奥で子守唄が聞こえそうな
里山に抱かれた村の散策路**

松倉山麓に、江戸時代などに建てら
れた飛騨を代表する古民家や小屋など
が約30棟移築・保存。国の重要文化財4
棟を含む、木の国、飛騨の匠の技を伝
える茅葺き民家や榑葺き民家が点在す
るなか、各戸でこの地方の暮らしの歴史
がテーマ別に学べるようになっている。
わら細工や飛騨さしこなどの実演や体験
が日替わりで行われる。また工芸集落で
は一位一刀彫などの実演も見られる。

飛騨の里 **MAP** 付録P.7 D-3

☎0577-34-4711 🏠高山市上岡本町1-590
🕐8:30〜17:00 🈹無休 💴700円 🚌高山濃
飛バスセンターからさるぼぼバスで10分、飛
騨の里下車すぐ Ｐあり(有料)

旧大野家
杣小屋
木挽小屋
中切土蔵

**旧田口家**

旧八月一日家

匠神社

江戸時代後期
に建てられた
合掌造りで白
川村の蓮受寺
の庫裏だった

セイロ倉

板倉

旧前田家

和紙漉き小屋

**旧若山家**

旧道上家

立保神社

旧西岡家

**旧吉真家**

**旧田中家**

ハサ小屋

車田

旧富田家

旧中藪家

わらび粉
小屋

唐臼小屋

休憩所

五阿弥池

N

0　　　50m

旧新井家

🅘
出入口

工芸集落

水車を利用した粉挽き小屋。
旧高根村中洞から移築した
建物

高山市松之木町と新潟県の
佐渡島のみに現存。車輪の
形に稲を植える田植え法

駐車場

一位一刀彫、飛騨塗など、
飛騨の伝統工芸の工房が並
ぶ集落

# 屋根や柱に刻まれた悠久なる時の流れ
# 重要文化財を見学

江戸期のたたずまいそのものを残す貴重な古民家を巡れば、
厳しい自然を生き抜いた先人たちの、暮らしの息吹が感じられる。

## 旧田中家 きゅうたなかけ
### 榑葺きの農村の田舎
江戸時代中期に建てられた高山の国学者、田中大秀ゆかりの家。田中家が所有する田畑を管理するために設けられた田舎を移築したもの。

⬅裂いた板を幾重にも重ねた榑葺き屋根が特徴。江戸中期の農村は土間での生活が中心だった

## 旧吉真家 きゅうよしざねけ
### 屈強な構造を持つ旧家
安政5年(1858)の角川地震(飛越地震)にも耐えた強固な建物で、どっしりとした土台、太い柱や梁、桁が特徴。

⬆上部が二股になったむかい柱が強固さの秘密

## 旧若山家 きゅうわかやまけ
### 飛騨の里はこの家から始まった
昭和33年(1958)御母衣ダムの建設によって水没することとなったため、翌年移築され一般公開されたのが飛騨の里の始まり。

⬆寛政9年(1797)に建てられた合掌造りの家屋

## 旧田口家 きゅうたぐちけ
### 開放感あふれる空間
雪が少ない南飛騨の民家特有の開放感ある平屋となっている。田口家は代々の名士で、寄り合いが行われた広い板の間もポイント。

⬅納戸の上に「落し座敷」と呼ばれる隠し部屋がある。ぜひ探してみたい

---

飛騨の里

## 民家の特徴
合掌造りに代表される茅葺きとそれ以前の様式の榑葺き。

### 榑葺き屋根 くれぶきやね
茅葺き以前の民家の屋根の主流であった構造で、裂いた板を重ねて屋根を葺いていた。

### 茅葺き屋根 かやぶきやね
雪に強いことから特に豪雪地帯で施工された。榑葺きに比べて耐久年数が格段に長い。

## 季節の行事に注目
暮らしと自然美をベースに展開されるイベントもおすすめ。

### 土びなまつり つちびなまつり
西岡家・富田家にて、市民が寄付した土雛を、約1000体展示している。
開催時期
3月1日〜4月3日

### 飛騨の里まつり ひだのさとまつり
錦山神社鶏芸など、高山市子供伝承芸能連合保存会による高山市内各神社に伝わる子供伝承芸能を披露。
開催時期
10月下旬

### ライトアップ
紅葉と冬の時季に行われるライトアップ。幻想的な美しさが闇のなかに浮かび上がる。
開催時期
10月下旬〜11月中旬の土・日曜、祝日。12月下旬(クリスマス前後)、1月上旬〜2月下旬

北アルプスに抱かれた、飛騨の歴史をたどる旅

# 京文化が薫る木の国の歩み

岐阜県北部の飛騨地方は、豊富な森林資源に恵まれつつも、中央からは遠く離れた辺境の地だった。
飛騨匠や城主・金森家が京や江戸の文化を伝え、高山に古都と謳われる優雅な文化が花開いた。

紀元前〜
8世紀

山国に開花した古代の文化

## 古代の飛騨

多くの住居跡や土器、古墳が物語る古代の文化
はるか昔の縄文時代より飛騨文化は育まれた

　飛騨は古くから文明が開けた地で、縄文時代から古墳時代の史跡が数多く見つかっている。飛騨が歴史書に初めて登場するのは『日本書紀』の仁徳天皇65年（377）の時代。2つの顔と4本の手足を持つ飛騨の怪物「両面宿儺」が大和朝廷に刃向かい、将軍・難波根子武振熊に退治されたと記されている。古墳時代から飛鳥時代の飛騨の政治の中枢は、高山市北隣の国府一帯とされており、周辺には寺院や古墳が特に多い。奈良時代には国府が高山へ置かれた。

8〜
16世紀

飛騨匠の技術が都で生かされる

## 律令下の時代

都へ派遣された飛騨の徴用工が寺や宮殿を造営
やがて、豪族たちが争う割拠の時代へ向かう

　律令国家となった奈良時代。米や織物に恵まれなかった飛騨では、大宝律令の納税のうち、庸と調を免除された。代わりに、寺院や宮殿の造営にあたる匠丁を都へ差し出すことが課せられ、年間約300日の重労働に従事した。豊富な木材に囲まれて育った飛騨の匠丁たちは、持ち前の技能を発揮して、都の建設に大いに貢献した。

　武士が活躍した鎌倉・室町時代になると、土着の豪族らが飛騨各地で群雄割拠を始める。戦国時代には、益田・大野を支配した三木氏が台頭して、飛騨を平定。高山に松倉城を築城する。三木氏は、豊臣秀吉に背いたため、天正13年（1585）に、秀吉の家臣・金森長近によって攻略される。

↷飛騨国領主となった金森長近が築城した高山城跡に長近の像が立つ

### 高山に伝わる両面宿儺の伝説

　『日本書紀』で怪物あるいは凶賊とされる両面宿儺だが、飛騨・美濃の各地に残る伝承では、その姿は大きく異なる。関市では、高沢山の毒龍を退治した英雄として語られている。高山市丹生川町の千光寺（P.65）では、観音様の化身とされ、寺の開基に祀り上げられている。宿儺の出現地とも伝わる丹生川町では、毎年、宿儺まつりが盛大に開催されている。

↷両面宿儺を開基とする千光寺に伝わる両面宿儺像。円空作とされ、寺宝館に展示〈千光寺蔵〉

## 飛騨国分寺

ひだこくぶんじ

高山駅周辺　MAP 付録P.8 B-3

飛騨国の国府が高山に移った奈良時代、天平18年（746）の創建と伝わる高野山真言宗寺院。境内に、奈良時代の塔の礎石が現存する。本堂は室町時代の建築で、高山最古の建造物。鐘楼門は高山城から移築された。

☎0577-32-1395　🏠高山市総和町1-83　🕐境内自由　💴本堂拝観500円　🚃JR高山駅から徒歩5分　🅿あり（境内・参拝時のみ可）

↷江戸後期に再建された三重塔。飛騨匠の優れた技術が生きる

↷本堂に本尊の薬師如来坐像と旧国分尼寺の本尊・聖観世音菩薩を安置

# 卓越した技術者の集団・飛騨の匠

江戸にその名をとどろかせ、多くの伝説を生んだ飛騨の匠とは?

**飛鳥から藤原京、平城京へと遷都が続き、空前の建設ラッシュが続く都で大活躍した飛騨の匠たち。
木の国から来た彼らは並外れた腕前を発揮し、その技術は故郷に脈々と受け継がれた。**

## 都の造営に従事した飛騨の匠

　律令時代、飛騨から都へ徴用された匠丁の数は、年間およそ100人。50戸ごとに10人が派遣され、1年交替で勤務した。10人のうち8人が工匠、残りの2人は炊事係だった。平城京の造営や平安宮、東大寺の建設など、都の都市計画や寺院建設に関わり、飛騨で培った腕前を発揮した。「工匠といえば飛騨匠」といわれるほど彼らの技術は評判となり、飛騨の名工の名は伝説化されていった。寺院や邸宅建築が得意な檜前杉光は、11世紀の書物『新猿楽記』で、「歯は鋸歯、首は手斧、肘は曲尺」と、その体躯が大工用具にたとえられた。彫刻の匠・韓志和は、唐に渡って皇帝に重用されている。唐へ渡った際、彼の彫った木製の鶴に乗って飛んでいったとの伝説まで生まれるほどであった。江戸時代の落語や芝居の演目にも、飛騨の匠がたびたび登場したという。

↑江戸末期に刊行された読本『飛騨匠物語』。主人公の飛騨匠が木製の鶴を彫る様子が描かれている。挿絵は葛飾北斎〈飛騨の匠文化館蔵〉

↑『飛騨匠物語』の第5巻。主人公の飛騨匠と名の知れた絵師の腕くらべの場面が描かれている〈飛騨高山まちの博物館蔵〉

## 受け継がれる匠の技

　飛騨の匠の徴用制度は、平安後期にはその役目を終えて自然消滅する。技術者集団として都の建設に従事した飛騨匠たちは故郷に戻り、個人の木工・建築職人としてその技術を役立てた。匠の技は後世に引き継がれ、江戸時代には意匠を凝らした町家建築が高山各地に次々と建てられた。高山祭の壮麗な屋台(山車)や春慶塗、一位一刀彫など、高山が誇る伝統工芸も生み出した。高山では現在でも木材加工業が盛んだ。なかでも丈夫でモダンな飛騨の家具は高いブランド力を誇っており、飛騨の匠たちの技術が形を変えて今も生かされている。

### 町家建築 ➡P.53

低い軒や出格子が重厚な美しさを醸す飛騨の町家建築。幕府による建築制限がなくなった明治時代には、より大規模で豪華な町家が次々と建てられた。

### 飛騨家具 ➡P.79

大正時代に洋風家具の曲木技術が伝えられ、日本の代表的な洋風家具の産地となった。堅牢な造りと木の自然な風合い、洗練されたフォルムで知られる。

### 高山祭 ➡P.22
春と秋に催される高山祭の華はからくり屋台。江戸時代、江戸の屋台形式や京都のからくりや繊細な金具装飾などが伝えられ、飛騨の工匠たちの手で豪華絢爛な屋台が作られた。

↑江戸後期頃の高山祭山王祭を描いたとされる絵巻。今日のような緻密な彫刻装飾はまだ見られない。『山王祭屋台絵巻』〈飛騨高山まちの博物館蔵〉

## 高山の基礎が形成された
# 金森氏が築いた小京都

金森長近が京都を模範に町づくりを始め
高山が飛騨の政治・経済・文化の中心地となる

三木氏を滅ぼした金森長近は、秀吉から飛騨国を拝領され、天正14年（1586）に入府する。古川盆地の中心にある交通の要所・高山を飛騨統治の本拠地に定め、城と城下町の建設を開始する。天神山の古城跡に、新たに高山城を造営。御殿風の天守閣を持つ大規模な城で、完成には3代、16年の歳月が費やされた。風流人としても知られた長近は、京の都を手本に城下町の造営を行う。碁盤目状に道路を整備し、京都東山になぞらえた寺町を東部の丘陵地に置いた。城近くの高台には武家地、低地の三町に町人町がつくられ、現在の小京都・高山の基盤が形成された。

長近は商業振興にも力を入れている。城下町につながる古道を整備して高山をさまざまな商品の集積地とし、山林資源や鉱山資源の開発も進めて経済を発展させた。

金森長近は、高山を豊かな町にした名君として後世に名を残す。金森氏による高山支配は6代107年間続いたが、元禄5年（1692）に出羽国上之山（山形県）に転封となり、金森時代は終わりを告げる。

↑商人町として栄えた「古い町並」。今も町家建築が並び、江戸時代の風情を残す

### 富山湾からブリを運んだ飛騨街道

高山の城下町を開いた金森氏が整備した街道のひとつが飛騨街道。ブリ街道とも呼ばれる。美濃から飛騨高山を通り、越中富山を結ぶ。富山から日本海の海産物や塩が、内陸部の町へと運ばれ、なかでもブリは、「越中ブリ」と呼ばれて珍重され、高値で取引された。寒ブリは、高山の正月には欠かせないハレの魚で、越中ブリは野麦街道で飛騨から信州へ運ばれ、飛騨ブリと呼ばれた。

↑山中の飛騨街道は難所も多い。急流の断崖絶壁には橋も架けられず、渡した綱に籠を吊り下げて渡る「籠渡し」が利用された。『飛騨籠渡図』歌川広重〈富山市売薬資料館蔵〉

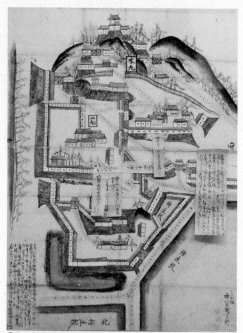
↑金森氏4代頼直の時代の高山城。本丸、二の丸、三の丸と広がる大規模な城郭であったことがうかがえる。絵図が描かれた前年に大地震に見舞われるなどして石垣が破損。幕府から修理の許可を得るために絵図が作られた。『高山城絵図』寛文3年（1663）〈飛騨高山まちの博物館蔵〉

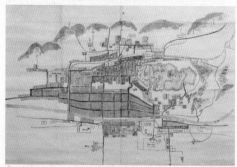
↑金森時代の高山。城下町を含む高山盆地全体を描いている『高山城下町絵図』〈飛騨高山まちの博物館蔵〉

### 東山寺町 ●P.54
ひがしやまてらまち
高山市内中心地の東部の山裾に金森長近が設けた寺町には、今も由緒ある寺社が多い。それらを巡る約5.5kmの遊歩道が設けられている。

↑山すそに沿って風情ある小径が続く。紅葉シーズンは特に美しい

# 武士を捨て、茶道宗和流の開祖となった高山城主の長男が飛騨に残したもの

## 高山に広まった金森宗和の雅な美意識

飛騨高山城主の金森家は、文化人として知られた血筋。なかでも江戸前期の金森宗和は茶人として大成。彼の卓越した美意識が、重厚かつ壮麗な飛騨の伝統工芸に与えた影響は実に大きい。

### 恵まれた環境で育まれた鑑定眼

初代高山城主となった金森長近は、茶の湯をたしなみ、千利休や古田織部と交流を持った趣味人として知られる。その子・2代城主の可重もまた、千利休の息子・道安の門人となって茶道を究めた風流人だ。可重の嫡男・金森重近（のちの宗和）は、そんな文化人一族の子として高山で生をうけた。祖父や父から茶道の手ほどきをうけ、茶道具の名品に囲まれて育つ。高山城下には、京都のような町が生まれつつあった。そんな恵まれた環境のなかで、重近は美の鑑識眼を育てていった。

↑2代城主の金森可重〈飛騨高山まちの博物館蔵〉

### 宗和が築いた「姫宗和」の世界

重近は31歳のとき、父との意見の対立から勘当され、母とともに京に隠棲する。大徳寺で出家して金森宗和と号し、茶道に専念する。大名茶人の小堀遠州の知己を得て、遠州流の茶道「綺麗さび」に影響をうけ、自らの流派「宗和流」を編み出した。宗和の茶風は、武家一族らしい端正と気品を具えている。千利休の孫の千宗旦は、わび茶に徹した「わび宗旦」と呼ばれ、対する宗和は優雅な茶風から「姫宗和」と称された。宗和はまた、名工・野々村仁清を見出した人物でもある。御室仁和寺の門前で、御室焼の窯を開かせ、自分好みの茶道具を作らせた。優美な茶道具が並ぶ宗和の茶会は、公家の間で評判となる。宗和は宮廷にも出入りして、その名声を広めていった。

都で宗和が育んだ優雅な美意識は、出身地の高山の文化にも影響を与えた。春慶塗のように、宗和が誕生を後押ししたとされる伝統工芸もある。宗和が生んだ宗和流茶道は、今も高山で受け継がれている。

↑高山を離れた金森重近は、金森家の菩提寺・京都大徳寺で出家し、宗和と号した

### 宗和好みの高山の工芸

京都に拠点を置いた宗和だが、生まれ故郷の工芸にも関わりを持ち、高山文化に美しい華を添えた。

**春慶塗 ◎P.78**
しゅんけいぬり
木匠・高橋喜左衛門と塗師・成田三右衛門が漆器を制作して金森家に献上。宗和が命名したとされ、茶道具に愛用した。

**小糸焼 ◎P.77**
こいとやき
飛騨藩主・金森重頼が、兄・宗和の斡旋で京都の陶工を高山へ招き、高山城の西・小糸坂で陶器を焼かせたのが始まり。

### 宗和のもてなしの心を体験

飛騨の正式なハレの料理に、宗和流本膳料理がある。本膳料理とは、室町時代に確立された日本の正式なもてなし料理。それを金森宗和が自分好みに仕立てたのが、宗和流本膳料理だ。茶席の懐石用として生まれ、のちに庶民の間で冠婚葬祭料理として広まった。春慶塗など宗和好みの器に盛られた料理が約30品目も供され、宴席は10時間におよぶ。高山の料亭・洲さきで、その伝統を継承する。本格的な本膳料理とはいかないが、11品に凝縮した「本膳崩し」を老舗料亭でいただける。

**洲さき ◎P.67**
すさき
↑洲さきの「本膳崩し」の一例。春慶塗など、飛騨の伝統工芸の器で供される

京文化が薫る木の国の歩み

61

<table>
<thead>
<tr><th>17〜<br>19世紀</th><th colspan="2">商人の町・高山の賑わい</th></tr>
</thead>
</table>

**商人の町・高山の賑わい**

# 幕府直轄地として繁栄

**幕府が資源や財力に目をつけ飛騨を幕領に<br>有力商人たちが高山に商人の町を形成**

金森氏が去ったのち、幕府は飛騨を直轄地(幕領)に定めた。元禄8年(1695)には、高山城が取り壊しとなり、政務は高山陣屋で行われた。以来、江戸から派遣された代官(のちに郡代)が治める時代が177年続く。18世紀以降、養蚕業による生糸の売買で高山の経済はますます発展し、巨万の財を得た豪商たちが台頭を始める。彼らは旦那衆と呼ばれ、代々の代官や郡代らに大きな影響力を持った。一方で、農民の暮らしはけっして楽にはならず、18世紀後半には、18年間におよぶ農民一揆の大原騒動が勃発している。商人の町には江戸や京都の文化が届けられ、高山に独自の文化を生み、旦那衆の財力がそれを後押しした。旦那衆たちの立派な町家が並び、小京都らしい町並みが生まれた。

⊙金森氏下屋敷のひとつが高山陣屋となり、政務の場に利用された

## 飛騨一宮水無神社

ひだいちのみやみなしじんじゃ

一之宮町 **MAP** 付録P.6 B-4

霊峰位山を御神体山とする飛騨国一宮。古より農耕の祖神、延命長寿の守護神として名高く、分水嶺や飛騨路の要所に鎮まる神としても篤く崇敬されてきた。江戸時代に起きた騒乱・大原騒動の舞台にもなった。

⊙毎年4月3日には、飛騨の春の風物詩「生きびな祭」が斎行され。5月2日の例祭には、神社で造った濁酒が振る舞われる

☎0577-53-2001　⊕高山市一之宮町5323
⊕休料⟩境内自由　⊗JR飛騨一ノ宮駅から徒歩8分　Pあり

<table>
<thead>
<tr><th>19世紀〜</th><th colspan="2">山に閉ざされた里から観光の町へ</th></tr>
</thead>
</table>

# 新たな時代へ

**明治維新後も厳しかった飛騨地方の暮らし<br>昭和期の鉄道の開通が山国に近代化をもたらす**

明治維新後の慶応4年(1868)5月、飛騨の国は飛騨県となり、翌月、高山県に改称。明治9年(1876)には美濃と飛騨が併合して岐阜県が誕生した。初代県知事となった梅村速水は、急速な政治改革で農民らの不満を呼び、梅村騒動を引き起こす。明治〜大正期には、飛騨の娘が吹雪の野麦峠を越えて出稼ぎに行く『女工哀史』の話が残された。昭和9年(1934)、南北を貫く高山本線が開通すると、山国の飛騨は一気に近代化が進み、観光地として賑わうようになる。

| 西暦 | 元号 | 事項 |
|---|---|---|
| 377頃 | 仁徳天皇<br>65 | 両面宿儺の乱が起こる |
| 646 | 大化 2 | 飛騨に国司、郡司が置かれる |
| 701 | 大宝 元 | 大宝律令制定。庸調を免除し、代わりに里ごとに匠丁(飛騨の匠⊙P.59)10人を都に徴用するよう定められた |
| 746 | 天平 18 | 行基により飛騨国分寺⊙P.58建立 |
| 1347 | 貞和 3 | 安国寺が建つ |
| 1408 | 応永 15 | 安国寺の経蔵が建つ |
| 1504 | 永正 元 | 高山外記が天神山に城を築く |
| 1582 | 天正 10 | 国府町八日町の戦いで三木自綱が江馬輝盛を破る。のちに松倉城を築城 |
| 1585 | 13 | 豊臣秀吉に三木氏攻略を命じられた金森長近が松倉城を攻め落とし飛騨を平定 |
| 1586 | 14 | 金森長近が飛騨国主になる |
| 1588 | 16 | 高山城の築城、城下町(現・古い町並⊙P.38、現・東山寺町⊙P.54)の整備が始まる |
| 1608 | 慶長 13 | 長近死去(享年85)。養子である可重が遺領を継ぐ。意見の相違から、長子の重近(金森宗和⊙P.61)を勘当。重近は母とともに京へ向かい、茶人として活躍 |
| 1615 | 元和 元 | 可重死去(享年58)。三男重頼が藩主となる |
| 1650 | 慶安 3 | 重頼死去(享年55)。長子頼直が藩主となる |
| 1665 | 寛文 5 | 頼直死去(享年47)。長子頼業が藩主となる |
| 1671 | 11 | 頼業死去(享年24)。4歳の頼時が家督を相続 |
| 1685頃 | 貞享2頃 | 円空⊙P.64が千光寺⊙P.65に滞在 |
| 1692 | 元禄 5 | 金森氏、出羽国上ノ山に国替えとなり、幕府が飛騨を幕領(直轄地)とする。金森氏の所有する下屋敷が整備され、代官所(現・高山陣屋⊙P.50)として利用されるようになる |
| 1695 | 8 | 幕府の命により高山城が取り壊される(現・城山公園⊙P.55) |
| 1771 | 明和 8 | 大原騒動が始まる |
| 1784 | 天明 4 | 吉島家初代・重兵衛が高山に居住(現・吉島家住宅⊙P.53) |
| 1868 | 慶応 4 | 飛騨県が置かれ、その後高山県となる |
| 1871 | 明治 4 | 高山県が筑摩県に入る |
| 1876 | 9 | 岐阜県に編入される |
| 1934 | 昭和 9 | 高山本線が全線開通 |
| 1966 | 41 | 日下部民藝館⊙P.53が明治建築の民家として初めて国の重要文化財の指定を受ける |
| 1970 | 45 | 新穂高ロープウェイ⊙P.128開業 |
| 1973 | 48 | 乗鞍スカイライン⊙P.31が開通 |
| 2005 | 平成 17 | 9町村と合併して現在の高山市となる |

# 博物館で高山の歴史と文化を知る

匠の里として有名な飛騨高山の伝統建築にふれ、豪商の蔵では往時の暮らしに思いを馳せる。
飛騨デザイン家具や工芸品など、多岐にわたる展示品の数々をゆっくり観賞したい。

## 飛騨高山まちの博物館
ひだたかやままちのはくぶつかん

### 飛騨高山の歴史文化を網羅

江戸時代の豪商の蔵を利用し、高山祭や城下町の変遷などを展示。高山祭のからくり人形は必見。

古い町並 **MAP** 付録P.10 C-1

☎0577-32-1205 ⑰高山市上一之町75
⑲9:00〜19:00、庭・広場7:00〜21:00 ⑭無休（臨時休館の場合あり）
⑭無料 ⑳JR高山駅から徒歩12分 Ｐなし

↑歴史や伝統工芸、祭りなどさまざまなテーマで高山の魅力を紹介

↑高山城主金森長近の肖像

↑豪商の蔵を利用した展示室

## 飛騨の匠文化館
ひだのたくみぶんかかん

### 釘を1本も使わない伝統建築

奈良時代より神社仏閣の造営に活躍してきた飛騨の匠の業績を紹介。千鳥格子を組む体験コーナーも。

飛騨古川 **MAP** 付録P.12 B-1

☎0577-73-3321 ⑰飛騨市古川町壱之町10-1 ⑲9:00〜17:00（12〜2月は〜16:30）入館は各30分前まで ⑭木曜 ⑭300円 ⑳JR飛騨古川駅から徒歩6分 Ｐなし

↑体験コーナーでは木組みパズルに挑戦

↑匠の作品を購入することもできる

## 高山市政記念館
たかやましせいきねんかん

### 高山市指定文化財の旧役場

かつて役場だった建物に市政資料などを展示。変形折上格天井など匠の技が光る建築様式にも注目。

古い町並周辺 **MAP** 付録P.11 E-2

☎0577-32-0406 ⑰高山市神明町4-15 ⑲8:30〜17:00
⑭月曜 ⑭無料 ⑳JR高山駅から徒歩12分 Ｐなし

## 多彩な美にふれられる美術館 ◀ 高山に集まった世界の工芸や日本のアートを楽しみたい。

博物館・美術館複合型ミュージアム
### 光ミュージアム
ひかるミュージアム

建築と空間の美が魅力。上村松園や横山大観の近代日本画、ゴッホやコローなどの西洋絵画、肉筆浮世絵や現代アートなどが楽しめる。

中山町 **MAP** 付録P.7 D-2

☎0577-34-6511 ⑰高山市中山町175
⑲10:00〜17:00（入館は〜16:00）
⑭火・水曜（祝日の場合は開館）、冬季（HPで要確認）⑭1000円 ⑳JR高山駅から車で9分 Ｐあり

↑挾土秀平が手がけた地下通路は異空間へ誘うトンネル

↑建物外観はマヤ文明の遺跡がモチーフ

# 慈愛と迫力に満ちた仏像を追って
# 円空に出会う旅

諸国を旅して各地で仏像を彫り続けた修行僧、円空。
荒々しくもやさしい仏像は飛騨地方に多く残る。

## 民衆に愛された仏師が高山に残した足跡

　生涯で12万体の仏像を彫ったと伝えられ、その
うち約5300体が確認されている円空仏。丸太を
鉈と鑿で大胆に刻み込み、「自然のなかに宿る神
仏を出現させる」独特の造形。その仏像には不
思議な力が宿り、多くの人々を苦しみから救済し
たという。美濃で生まれ、修験道の僧として諸国
を行脚し行く先々で仏像を彫った円空は、晩年、
飛騨の千光寺に滞在しながら一帯を巡り、村人か
ら「エンクさま」の名で親しまれた。子どもと戯
れ、人びとの願いに寄り添うように彫った数々の
仏像。飛騨地方には、涸れた池の水を元に戻し
たり、病気治癒などの逸話が伝えられ、およそ
500体の円空仏が残されている。

⬆現存する唯一の円空画像。関市にある弥勒寺(みろくじ)
に伝来する肖像画を大森旭亭に模写させたことが画の裏に
記されている。『円空像』大森旭亭筆〈千光寺蔵〉

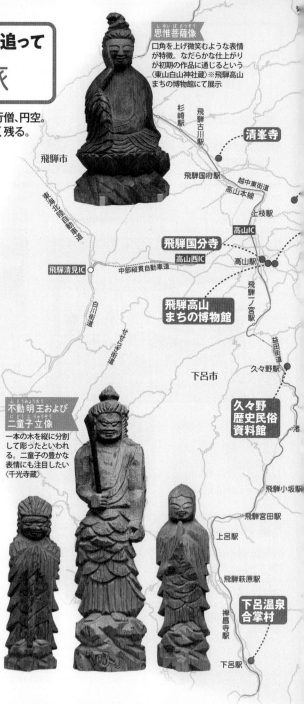

**思惟菩薩像**
口角を上げ微笑むような表情
が特徴。なだらかな仕上がり
が初期の作品に通じるという
〈東山白山神社蔵〉※飛騨高山
まちの博物館にて展示

飛騨市

杉崎駅
飛騨古川駅

清峯寺

飛騨国府駅
越中東街道
高山本線
上枝駅
高山IC

飛騨国分寺
高山西IC
高山駅

飛騨清見IC
中部縦貫自動車道
飛騨一ノ宮駅

飛騨高山
まちの博物館

白川街道

益田街道
久々野駅

下呂市
渚

久々野
歴史民俗
資料館

**不動明王および
二童子立像**
一本の木を縦に分割
して彫ったといわれ
る。二童子の豊かな
表情にも注目したい
〈千光寺蔵〉

飛騨小坂駅

飛騨宮田駅

上呂駅

飛騨萩原駅

禅昌寺駅

**下呂温泉
合掌村**

下呂駅

八大龍王像
はちだいりゅうおうぞう

水の神である龍は、雨を降
らせたり止ませたりする力
を持つとされる。数多い龍
の像のひとつ〈千光寺蔵〉

**千光寺**

**素玄寺**

高山市

木曽街道

金剛力士(仁王)立像吽形
こんごうりきし におう りゅうぞう うんぎょう

高さ226cmという大きな像。もとは
立ち木に直接彫刻を施したものだっ
たが、150年目に根元が腐朽したため
に切り離したといわれる。制作の様
子が『近世畸人伝』に
描かれている
〈千光寺蔵〉

## 円空仏が見られる
## 寺社や博物館

60体以上を展示する千光寺をはじめ、
高山周辺に残る円空仏を訪ねたい。

## 千光寺
せんこうじ

丹生川町 **MAP** 付録P.6 C-2

1600年前に両面宿儺が開山したと伝
わる古刹。円空はこの寺に長逗留し、
多くの仏像を彫ったといわれる。寺宝
館に『両面宿儺坐像』や『金剛力士像』
など63体の円空仏が展示されている。

円空仏寺宝館
☎0577-78-1021 所高山市丹生川町下保
1553 営9:30～16:30 休火～金曜、冬季(開
館状況はHPを要確認) 料500円 Pあり

## 飛騨高山まちの博物館
ひだたかやままちのはくぶつかん
➡P.63

古い町並 **MAP** 付録P.10 C-1

15の展示室に分かれ、
城下町の歴史や美術
工芸、伝統文化を紹介
する。円空仏が展示さ
れている。

## 素玄寺 ➡P.54
そげんじ

東山寺町 **MAP** 付録P.9 F-3

高山城主であった金森家の菩提寺で
『不動明王立像』を安置。本堂は高山
城三の丸の評定所
を移築したもの。
※内部見学の場合は要
事前連絡

## 飛騨国分寺 ➡P.58
ひだこくぶんじ

高山駅周辺 **MAP** 付録P.8 B-3

人間味あふれる円空作『弁財天』を安
置。本堂は室町の建築で、境内に樹齢
1250年以上の大銀杏が立つ。

## 下呂温泉合掌村 ➡P.99
げろおんせんがっしょうむら

下呂温泉 **MAP** 付録P.13 F-2

円空館では『青面金剛神像』や富山県
の立山の神を形にした像など下呂市に
残る29体の円空仏を展示。

## 清峯寺
せいほうじ

国府町 **MAP** 付録P.6 A-2

『龍頭観音菩薩立像』『十一面千手観
音菩薩立像』『聖観音菩薩立像』を安
置。珍しい千手観音が見られる。
☎0577-72-3111 (高山市国府支所)
所高山市国府町鶴巣1320-2 営9:00～16:00
※要事前連絡 料300円 Pあり

## 久々野歴史民俗資料館
くぐのれきしみんぞくしりょうかん

久々野町 **MAP** 付録P.3 D-4

国指定の堂之上遺跡に併設。熊野神
社の『薬師如来坐像』『菩薩立像』『僧
形立像』の3体を保管、展示する。
☎0577-52-3459 所高山市久々野町久々野
2262-1 営8:30～17:00 休月曜、12～3月
料無料 Pあり

# GOURMET

## 食べる

### 江戸時代から続く老舗料亭で
### 至福の時を過ごす

# 風雅をまとう極上懐石

高山を代表する老舗料亭。歴史を内包したただずまい。
匠の技を凝縮した珠玉の料理。すべてにおいて贅沢な時間。
これぞ、まさに、プレミアムな大人の旅。

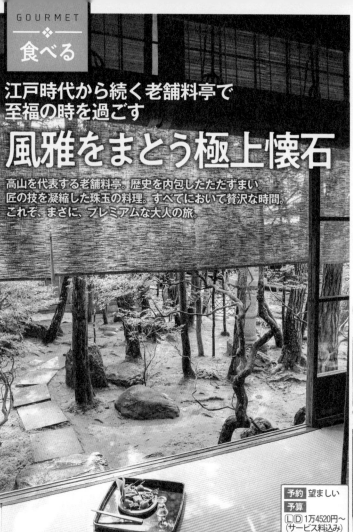

| 予約 | 望ましい |
|---|---|
| 予算 | Ⓛ Ⓓ 1万4520円〜（サービス料込み） |

⬆庭は高山では類を見ない回遊式の庭園。武家屋敷の建物とともに高山市の文化財に指定されている

⬆名物の「生盛りなます」。白酢に抹茶寒天、はりしょうが、岩茸などを混ぜていただく

⬆見た目も美しい先付。写真は黒豆、柚べし大葉巻揚げ、くるみ豆腐、水前寺のりなど

高山●食べる

---

精進料理を格式高く
現存する唯一の武家屋敷で

## 角正
かくしょう

古い町並周辺 **MAP** 付録P.9 E-3

築後250年を超える飛騨高山で現存する唯一の武家屋敷で、茶懐石をルーツにした精進料理を堪能。12代続くこの店の初代は江戸期、郡代とともに江戸から派遣された料理人で、江戸料理の老舗「八百善」で修業したとの記録が残る。山岡鉄舟ゆかりの店としても知られる。

☎0577-32-0174
⚑高山市馬場町2-98 🕐11:30〜13:30(LO) 17:30〜19:00(LO) 休不定休 🚶JR高山駅から徒歩15分 Ⓟあり

### おすすめメニュー

精進懐石 1万4520円〜

⬆郡代役所の出入医、円山東畔(とうらん)の住居を文化年間に譲り受けた

⬆庭が一望できる離れ茶室。茶懐石ベースの精進料理を味わうには最適な空間

⬆椀の一例。枝豆しんじょう、じゅんさい、冬瓜に柚子と梅肉で風味付け。細工も素晴らしい

↑伝統的な数寄屋造りの空間。簡素ながらも風情にあふれ、美しい庭の眺めも楽しめる。庭の向こうからは宮川のせせらぎが響く

司馬遼太郎も訪れた
高山を代表する名店

# 洲さき
すさき

古い町並周辺 **MAP** 付録P.11 E-2

江戸時代から続く店で、当主は
10代目。金森宗和（P.61）による
宗和流本膳の意匠をくんだ料理
を提供。膳は春慶塗、器は渋草
焼、小糸焼といった高山ならで
はの道具を用いて、200年以上
伝えられてきた繊細な茶懐石の
味を供する。

☎0577-32-0023
⌂高山市神明町4-14　⏰11:30〜14：
00 17:00〜19:00（最終入店）　㊡不定
休　🚉JR高山駅から徒歩12分　🅿あり

| 予約 | 要 |
| --- | --- |
| 予算 | Ⓛ1万円〜 |
| | Ⓓ1万5000円〜 |

**おすすめメニュー**

宗和流本膳崩 1万5730円（サー
ビス料込み）
飛騨牛ビフテキ会席 1万1253円〜
（サービス料込み）

↑30品からなり、10時間にわたって食されたといわれる宗和流本膳。新しい感性を取り入れた宗和流本膳崩では、本膳の料理を11品に絞り込み、限られた時間でも十分に宗和のもてなしの心が体感できる

↑江戸時代後期、寛政6年（1794）創業。当時の面影を
残す出格子の表構え

↑玄関の土間と囲炉裏。勇壮な吹き抜けは、控えめな
外観からは想像できない広がりを持つ

## 厳選! フレンチ&イタリアン
### 素材を生かす料理人の技を堪能
# 上質が宿る美食のテーブル

飛騨高山といっても「古い町並と古民家利用の郷土料理店」ばかりではない。
飛騨牛、ジビエ、日本海の魚介類などをベースにしたフレンチやイタリアンの名店にも注目。

テーブルを華麗に彩る料理
座れば至福のひとときが始まる

**フランス料理**

## レストラン ブルボン

高山駅周辺 **MAP** 付録P.8 C-2

フレンチベースの創作料理の店。この道約48年の熟練シェフが厳選したA5等級の飛騨牛のみを使って仕上げるステーキやビーフシチューは絶品。白身魚や車エビ、アワビなどを使ったコースもある。

☎0577-33-3175
所高山市本町4-5 営11:00〜14:00 17:00〜22:00
休不定休 交JR高山駅から徒歩10分 Pなし

**おすすめメニュー**

特選飛騨牛ステーキセット 6300円
特選飛騨牛ビーフシチューセット 3900円

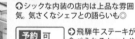

↑シックな内装の店内は上品な雰囲気。気さくなシェフとの語らいも◎

予約 可
予算 5300円〜

→飛騨牛ステーキが食べられるセットやコースは7800円〜。旬の食材を使ったスープやサラダも調理に手間や工夫が施された逸品揃い

←宮川沿いにある商店街の一角に店を構える。外観はカジュアル

現地で修業を重ねた
シェフによる極上料理

フランス料理

# ル・ミディ

高山駅周辺 MAP 付録P.11 D-3

パリやリヨンのレストランで修業をした
オーナーシェフが、高山で多角的飲食店
の「ミディ」ブランドを展開する。ここ本
店は「黒のミディ」の異名で知られる飛騨
牛ステーキとハンバーグの専門店だ。

☎0577-36-6386
⊕高山市本町2-85
⊕11:30〜15:00(LO14:00)
17:30〜20:30(LO19:30)
⊕不定休 ⊗JR高山駅から徒歩8分 Ｐあり

予約 可
予算 Ⓛ1980円〜
Ⓓ4180円〜

↑A5等級で最高品質のサーロインを使った飛騨牛とびステー
キは200gのボリューム。まさにとび抜けた逸品

←黒を基調にし
た2階フロア。収
容人数16名で貸
切にも最適

←1日30食限定の飛
騨牛煮込みハンバー
グのクリーミーサン
ドイッチ弁当

↑パリの街角にあるようなオシャレ
なフレンチベースのレストラン

おすすめメニュー

飛騨牛とびステーキ
9350円
飛騨牛煮込みハンバーグの
クリーミーサンドイッチ弁当
1620円
飛騨牛こだわりハンバーグ
2530円〜

↺シェフおすすめの飛騨牛
ランプ肉のステーキ。もも肉のな
かでもいちばんやわらかい部位
で、とろけるような食感が口
いっぱいに広がる

↑レストランというよりはビスト
ロタイプ。気軽さがコンセプト

↺気軽に立ち寄り、カウンター
でワインとアラカルトを楽しむ
のもあり
↺11月下旬から2月末頃まで
楽しめる飛騨山の村産天然子
猪のロースト※仕入れ状況が不
安定なため要問合せ

ワインセラーがある
国分寺通りのビストロ

フランス料理

# BISTRO mieux

ビストロ ミュー

高山駅周辺 MAP 付録P.8 B-3

高山駅から鍛冶橋に続く国分寺通りの商
店街。その一角にあるカジュアルなフレン
チ店。飛騨牛、飛騨野菜、地元で獲れたジ
ビエなど頑なに地元の食材にこだわる。
ワインセラーもあり、充実している。

☎0577-36-0149
⊕高山市総和町1-55-3 ⊕11:30〜13:30 17:30
〜21:30 ⊕不定休 ⊗JR高山駅から徒歩5分
Ｐあり

おすすめメニュー

飛騨牛ランプ肉のステー
キ(120g) 4620円
フレンチランチ 2200円

予約 要
予算
Ⓛ2200円〜
Ⓓ5500円〜

# 最高の黒毛和牛を洋と和で
# 飛騨牛を食す

**飛騨牛**

肉質はきめ細かでやわらかく、美しい霜降りと口の中でとろける芳醇な香りと味わい。岐阜県の豊かな自然で育てられ、優れた技術を持つ生産者の手によって、安全・安心にこだわり、愛情深く手間ひまかけて作られた逸品。

フレンチやイタリアン（P.68）、料亭の洲さき（P.67）などでも楽しめるが、ここでは飛騨牛を主役とし、牛そのものの旨みがストレートに堪能できるアップグレードな名店を紹介する。

## 洋 ステーキ

肉質がダイレクトに伝わるシンプルな調理で、最上級の飛騨牛だけが持つ旨みにふれてみたい。

高山 ● 食べる

### キッチン飛騨
キッチンひだ

高山駅周辺 **MAP** 付録P.11 D-4

**飛騨牛を愛するがゆえに最高の状態にこだわる**

創業から60年を迎える、飛騨牛料理の名店だ。厳選した飛騨牛を使用し、ヒレ、ロースともに2～4週の間、冷蔵庫の中でじっくり熟成させる。旨みとやわらかさが最高の状態になった牛肉をステーキで堪能したい。

☎0577-36-2911
🏠高山市本町1-66 🕚11:30～14:45 17:00～19:45 ⊗水曜 🚃JR高山駅から徒歩8分 🅿あり

**飛騨牛 A5級 リブロースステーキ 300g1万2540円～**
極上の霜降り肉をこの店ならではの調理法「ブレゼ&ソテー」で。肉のグラム数も変更可。セットメニューは別途550円～

予約 可
予算 Ⓛ6000円～ Ⓓ8000円～

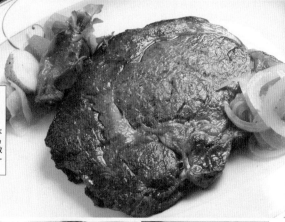

⊙飛騨牛A5級サーロインステーキ120g5982円～。きめ細かな肉質と適度な脂肪分が特徴だ（左）、ゆったりとしたテーブル席を用意している（右）

**飛騨牛網焼きステーキ 7700円**
美しくサシが入った分厚い飛騨ロース肉は圧巻。テーブルのコンロで自分好みに焼けるのもなんとも贅沢

予約 可
予算 Ⓛ7000円～

⊙歴史を感じさせる大きな看板と暖簾が出迎える

### 飛騨牛食処 天狗
ひだぎゅうしょくどころ てんぐ

高山駅周辺 **MAP** 付録P.11 D-3

**老舗精肉店直営だから肉の品質には自信あり**

本店は、昭和2年（1927）創業当時からのたたずまいを残す精肉専門の「天狗総本店」。老舗のプライドを凝縮した飛騨牛料理専門店だ。最高品質の飛騨牛を使った網焼き、ステーキ、しゃぶしゃぶは、あえて味付けしないのもこの店のこだわり。

☎0577-32-0147
🏠高山市本町1-21 🕚11:00～15:00 ⊗火・水曜 🚃JR高山駅から徒歩8分 🅿共用駐車場利用（有料）

⊙飛騨牛ビーフカレー1600円（単品）。隣接するカレー専門姉妹店の極上カレー

# 和 すき焼・しゃぶしゃぶ

「古都風情」のなか飛騨牛を。飛騨の旅人の気持ちに応える
上質が宿った和の名店をセレクト。

飛騨牛すき焼き
7980円〜（1人前、
写真は2人前）
ロースから最上飛騨牛
まで4種類のコースを用
意。使うのは最上級飛騨
牛A5と特選A4のサーロ
イン・ロース肉のみ

## 飛騨牛料理店 鳩谷
ひだぎゅうりょうりてん はとや

古い町並周辺 **MAP** 付録P.8 C-1

### 越中街道沿いに構える店で
### 旅人を極上肉でおもてなし

現在の店舗は明治8年(1875)の大
火後すぐに建てられた町家造りだ
が、敷地に残る蔵は文政年間
(1818〜30) に建てられたもの。
この深い町家風情に包まれながら
飛騨牛のしゃぶしゃぶ、すき焼、
ステーキを食べるのは贅沢の極み。

↑越中街道沿いにあり、古くは
民宿を営んだ老舗

☎0577-32-0255
所高山市大新町3-110 営11:30〜13:
00、夜は応相談(日曜は昼のみ営業)
休火曜 交JR高山駅から徒歩20分
Pあり

| 予約 | 要問い合わせ |
|---|---|
| 予算 | LD 7980円〜 |

↑古い町家造りが景観にマッチ
し高山景観デザイン賞を受賞

---

## やぐら

| 予約 | 可 |
|---|---|
| 予算 | LD 3000円〜 |

古い町並周辺 **MAP** 付録P.10 C-4

### 地元客も足繁く通う
### 極上料理の和食の殿堂

古い町並近くにある鮮度抜群の海
山川の幸を扱う和食処。4〜5等級
の飛騨牛のみを使うしゃぶしゃぶ、
握り、たたきなどは絶品。鮎など
の川魚、フグやクエなど日本海の
魚介料理も堪能できる。

↑気軽に入れる居酒屋風店舗。気
張らず食べられるのもよし！
☎0577-33-4877
所高山市有楽町50-2 営11:00〜
14:00 17:00〜22:00 休月曜
交JR高山駅から徒歩7分 Pあり

特選しゃぶしゃぶ
6800円(1人前170g、
写真は2人前)
しゃぶしゃぶは3900円から
用意。サシが入った極上肉
は口の中で溶けてしまうよ
うなやわらかさだ

---

**ユニークな創作料理にも注目**

### ワインセラーも完備
### フレンチ創作料理を食す

| 予約 | 可 |
|---|---|
| 予算 | L 2000円〜 |
| | D 5390円〜 |

## 旬亭なか川
しゅんていなかがわ

都会で高級飲食店の立ち上げ
に携わったシェフが故郷高山で
開店したフレンチテイストの鉄
板焼の店。飛騨牛、フォアグ
ラ、日本海の魚を使ったメニュ
ーが充実。

古い町並 **MAP** 付録P.10 C-1

☎0577-34-4433
所高山市上一之町33-2 営11:30〜
14:00 17:30〜22:00 休火曜・第3水曜
交JR高山駅から徒歩12分 Pなし

↑和とモダンが融合し
たオシャレな内装

↑色鮮やかな宝石のよ
うな本日のデザート770
円〜。写真は盛り合わせ

↓濃厚なコクが味
わえる飛騨牛のビー
フシチュー3350円
はワインにも合う

飛騨牛を食す

**飛騨の郷土料理**

山深い自然環境により「食材の味覚を損なわない保存方法への工夫」が重要視され、独特の食文化を確立。こもどうふやころいもなど伝統の味の盛り合わせ「在郷料理」のルーツは精進料理であり体にもやさしい。地味噌を堪能するための朴葉味噌も生活の知恵から生まれた逸品といえる。

## 山深い風土に育まれた名物料理を食す
# 郷土の美味をカジュアルに

山の大国、飛騨。さまざまな匠の技は、工夫を凝らした食文化のなかにも見受けられる。
古い町並の食事処は、夕方には閉店するお店が多い。ここでは、夜でも郷土料理が味わえるお店をご紹介。

### 町の中心にあり
### 夕食対応可の料理店

# みかど

高山駅周辺 **MAP** 付録P.8 C-3

商店が密集する国分寺通り沿いにある郷土料理の店。夜営業する食堂が少ない高山市街では貴重で、外国人をはじめ観光客で賑わう。飛騨牛、こもどうふ、朴葉味噌など定食類も充実している。

↑飛騨国分寺近くにある気軽に入れる庶民的な店

↑観光シーズンには予約がおすすめ

☎0577-34-6789
🏠高山市末広町58
🕐11:30～14:00
17:30～21:00 🈺水曜（祝日の場合は翌日不定休）🚌JR高山駅から徒歩7分 🅿あり

| 予約 | 不可 |
|---|---|

| 予算 | |
|---|---|
| Ⓛ1000円～ | |
| Ⓓ1500円～ | |

**朴葉みそ定食**
**880円など**
写真は朴葉みそ定食、単品のこもどうふ、ころいも（各432円）。鬼ころしなど地酒も豊富

## 飛騨高山の有名食事処
## 多彩なメニューが自慢

# 京や
きょうや

古い町並周辺 **MAP** 付録P.9 D-2

飛騨牛料理、そば類、川魚料理など豊富なメニューが揃っている。飛騨牛ロースステーキを炭火で、じっくり焼きながらいただく京や御膳4500円のほか、海山の幸がふんだんに味わえる山海定食3000円なども人気だ。

↑多くの民芸品が飾られ、懐かしい雰囲気が漂う。席には炭火用コンロを設置

☎0577-34-7660
所高山市大新町1-77
営11:00～14:30(LO14:00)
17:00～20:30(LO20:00)
休火曜 交JR高山駅から徒歩15分 Pあり

**在郷定食 3000円**
ころいも、こもどうふなど飛騨の伝統煮物の盛り合わせと、自家製味噌の朴葉味噌焼きに川魚の甘露煮などが付く

予約 可
予算 [L][D]3000円～

---

## 老舗料亭の伝統の味を
## 気軽に楽しむならこの店

# 味処 萬代角店
あじどころ ばんだいかどみせ

高山駅周辺 **MAP** 付録P.8 C-3

高山駅近く市内中心地にある老舗料亭「萬代」。この店の味が気軽に楽しめる姉妹店が「角店」だ。京都の料亭で修業した料理人が手がける上品な郷土料理に合わせて、酒どころ高山の地酒や地ビールなどを楽しみたい。

↑半月弁当1870円などランチも人気

☎0577-33-5166
所高山市花川町18 営11:30～14:00(LO13:30) 17:00～20:00(LO19:30) 休水曜(祝日の場合は営業)
交JR高山駅から徒歩7分 Pあり

↑飛騨牛朴葉味噌定食(50g)2530円。地味噌に地野菜エキスなどを一日かけて練り上げる自家製味噌と飛騨牛の相性は抜群。この店の看板メニュー。100gもあり

**精進籠盛り膳 2970円**
季節の地野菜を使ったヘルシーな定食。創業以来、製法が変わらないごま豆腐は名物に

予約 可
予算
[L] 2000円～
[D] 3000円～

---

## 宮川を望む隠れ家へ

## お酒のプロが経営する
## しゃれた町家ダイニング

# 本郷
ほんごう

高山駅周辺 **MAP** 付録P.8 C-2

ソムリエで利き酒師でもある女性オーナーが営むダイニング。オーナーが厳選した約30種類の酒が揃い、その酒にマッチした地元産の食材を使用した創作料理が楽しめる。和モダンな雰囲気で地元にも人気。

↑宮川が眺められる1階のカウンター席。個室や座敷も完備

☎0577-33-5144
所高山市本町3-20
営17:30～22:00(LO)
休日曜、不定休あり
交JR高山駅から徒歩10分
Pなし

予約 可
予算 [D]5000円前後
※チャージ800円

**季節替りのキッシュ 680円(税別)**
**飛騨牛すじ肉の**
**やわらか煮込み 650円(税別)**
自家菜園の季節の野菜を使ったキッシュはワインに合う。すじ肉の煮込みはファンが多い一品だ

郷土の美味をカジュアルに

## シンプルながらも奥深いこだわりの一杯
# 高山ラーメン

**濃いめの醤油スープはキレがありすっきり。人気の高い3店を紹介。**

**高山ラーメン**
昭和初期より地元では「中華そば」の名で親しまれてきた。基本は懐かしい醤油ベースで麺は平打ちのちぢれ細麺が特徴。

代々受け継がれた醤油ダレと
こだわりの自家製麺の結晶

## 豆天狗 本店
まめてんぐ ほんてん

古い町並 MAP 付録P.10 A-2

昭和23年(1948)創業の中華そばの老舗。鶏ガラを中心にとんこつ、野菜を長時間煮込み、削り節も時間差で炊き出したあっさりスープに、こだわりの細ちぢれ麺(自家製麺)が相性抜群。

☎0577-33-5177
所高山市下一之町3-3 営11:00～16:00(閉店時間は変更の場合あり) 休木曜 交JR高山駅から徒歩12分 P提携駐車場利用

**中華そば(並) 800円**
釜で煮詰めただしに、代々受け継いだ秘伝の醤油ダレを加え、その場で全部味付けしてしまう伝統的製法で作られた一杯

古い町並近くにある店舗は町家をイメージした外観が特徴

地元客も足繁く通う人気店。近年、つけ麺のファンも多い

予約 不可
予算 800円～

昭和31年(1956)創業より守る
伝統の味を今に伝える

## つづみそば

高山駅周辺 MAP 付録P.8 C-3

野菜、とんこつ、鶏の油など一晩かけて煮込んだだしを使った透明感のあるスープは、コクがありまろやかな仕上がり。岐阜県のブランド豚「けんとん」を使った自家製チャーシューも絶品だ。

☎0577-32-0299
所高山市朝日町52 営11:30～14:00 17:00～20:00(材料がなくなり次第閉店) 日曜11:00～14:00 休火曜(祝日の場合は営業) 交JR高山駅から徒歩7分 Pなし

「中華そば」と書かれた白い暖簾と「鼓」の看板が目印

清潔感あふれる店内。ワンタン麺も人気メニューのひとつ

予約 不可
予算 800円～

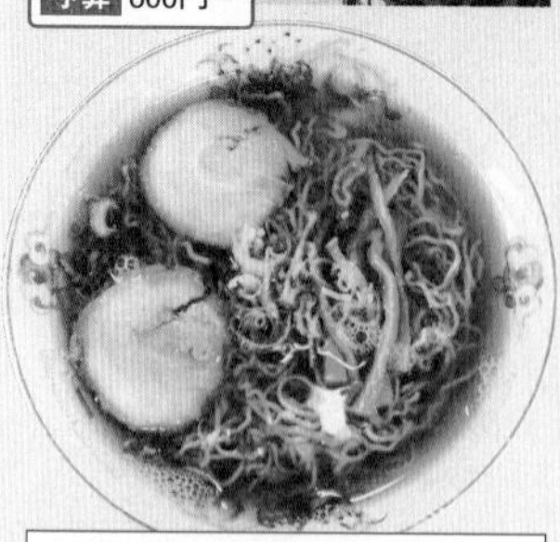

**中華そば 800円**
繊細で素朴な醤油スープ。胡椒やラー油などを加え味の変化を楽しむのもいい。100円増しで大盛りに

高山ラーメンの元祖店
歴史はこの店の屋台から

## まさごそば

古い町並周辺 MAP 付録P.11 D-4

昭和13年(1938)創業のこの店が、リヤカー引きの屋台で中華そばを販売したことが高山ラーメンのルーツ。見た目に濃厚な醤油スープは、カツオだしの風味がほどよく中和し深いコクを演出している。

☎0577-32-2327
所高山市有楽町31-3 営11:00～16:00 休水曜、不定休 交JR高山駅から徒歩8分 Pあり

予約 不可
予算 400円～

**中華そば(並) 800円**
熟成された濃口醤油を使用したスープはまろやかで、ちぢれ細麺との絡み具合もよい。一度食べたらクセになる味

素朴な下町を思わせる店構え。3代目が暖簾を守る

広いカウンターが特徴の店内。メニューは並と大盛りのみ

# 飛騨そば

## 自然に恵まれた地の、上品で粋な味

そば栽培の適地であり、良質なそば粉を使った飛騨そばは美食の華。

**飛騨そば**

飛騨は、雪解け水と澄んだ空気、朝晩の寒暖の差の大きさからそば栽培の適地。ゆえに老舗のそば店も多い。

---

### 飛騨そばの伝統を継承
### 石臼で挽いたそば粉

## 名代手打そば 寿美久
なだいてうちそば すみきゅう

高山駅周辺 MAP 付録P.10 C-4

飛騨そばの原点となる玄そばの石臼挽き。その流儀を今でも守るのがこの店。挽きたて・打ちたて・茹でたての「三たて」をモットーに最高のそばの味わいが楽しめ、地元のそば通の人気が高い。

☎0577-32-0869
🏠高山市有楽町45 ⏰11:00～20:00(売り切れ次第閉店) ❌不定休 🚉JR高山駅から徒歩7分 🅿なし

| 予約 | 可 |
| --- | --- |
| 予算 | 1000円～ |

**山菜ざるそば 1450円**
わらび、たけのこ、なめこなど10種類の山菜がのったボリュームある山菜ざるそばは、この店いち押しの名物メニュー

⬅作家の森村誠一氏など高山を訪れるそば通著名人にも愛される

⬅十割そばを使った極上のそばがき1250円も必食メニュー

---

### 古い町並にある
### 明治創業の老舗そば店

## 手打ちそば 恵比寿
てうちそば えびす

古い町並 MAP 付録P.10 B-2

古い町並の上二之町に、明治31年(1898)に創業した飛騨そばの老舗。熟練のそば職人により毎日打たれるそばは、挽きたての粉を7割から7割5分の割合で配合。これが恵比寿の流儀だという。

☎0577-32-0209
🏠高山市上二之町46 ⏰10:00～17:30(LO17:15) ❌火曜 🚉JR高山駅から徒歩12分 🅿なし

➡お店の看板は、明治創業当時のガラスをそのまま使用

⬅町家造りが特徴の中庭が眺められる店内は懐かしい雰囲気

| 予約 | 可 |
| --- | --- |
| 予算 | 1000円～ |

**ざるそば 980円**
飛騨そばの高い香りを存分に味わうならシンプルなざるで。一定期間熟成させた秘伝のそばつゆでつるりといただこう

---

### 飛騨牛と飛騨そば
### 名物の夢のコラボ

## 小舟
こふね

高山駅周辺 MAP 付録P.8 B-3

高山駅近くにあり、創業昭和11年(1936)の老舗で、飛騨牛が入った飛騨そばが有名。創業以来、受け継がれてきた秘伝のつゆと、細めの麺との相性も良い。飛騨牛串など一品ものも充実。

☎0577-32-2106
🏠高山市花里町6-6-9 ⏰11:00～14:30 17:30～そばがなくなり次第閉店 ❌水曜 🚉JR高山駅から徒歩2分 🅿あり

➡古い高山風情を今も残す庶民的な店舗。高山駅からすぐ

⬅高級なそば粉を使用したそばぷりん。極み400円、抹茶450円

| 予約 | 可 |
| --- | --- |
| 予算 | 1000円～ |

**飛騨牛せいろそば 1650円**
とろけるようにやわらかい飛騨牛のしゃぶしゃぶ肉が入った贅沢なそば。口当たりが甘くやさしいつゆと牛肉の相性が絶妙

暮らしを上質にする多様な伝統工芸品
# 美しい職人技の結晶

高山●買う

## 飛騨さしこ
ひださしこ

山深い飛騨では、古くから自給自足生活のなかで綿や麻製品が織られてきた。暮らしのなかで育まれた布に、模様を施しつつ補強する技術が「さしこ」だ。

手作りのぬくもりに浸りたい

**扇子**
**4950円**
白布+色糸で装飾したものや、藍染め+白糸のシックなものなど柄の種類も豊富に揃う

**手提げ袋 1万1000円**
伝統的な麻の葉模様で仕上げられた巾着。肩掛け用のひもが付き、持ち歩きも楽ちん

**日傘**
**1万4800円～**
傘全体に麻の葉模様などが施されている全刺、半分に施されている半刺の日傘を販売

## 一位一刀彫
いちいいっとうぼり

内側の赤い木肌（赤太）と周囲を囲む白い木肌（白太）が特徴のイチイの木。この銘木の特徴を存分に生かし、置物や壁飾りなどを一刀彫で仕上げる江戸末期から続く技。

赤太と白太のコントラスト美

**不動明王 7万8000円**
イチイの木は年数が経つと茶褐色に変色。この渋い色合いをベースにした仏像作品

**ふくらすずめ 2700円**
寒いときにスズメが膨らんで身を守るかたちを表現。頭の白太の部分がアクセントに

**ふくろう 5100円**
幸福を呼ぶ鳥とされるフクロウの作品はこの店でも人気を集めている

**十二支 3300円～**
フクロウと並び人気が高い十二支のシリーズ。すべて購入していく人がいるほど

## 本舗飛騨さしこ
ほんぽひださしこ

古い町並 **MAP** 付録P.10 C-3

手縫いの温度が伝わる飛騨さしこの品々が並ぶ名店。日傘や半纏など大きなものからおみやげにもぴったりなコースターなどの小物まで多彩なさしこ商品が揃う。

☎0577-34-5345
㊟高山市片原町60
🕘9:00～17:00（11月21日～3月20日まで～16:30）
㊡水曜
🚃JR高山駅から徒歩10分 Ｐなし

古民家店舗には、ティッシュケース、ランチョンマット、ペンケースなどがずらり

## 津田彫刻
つだちょうこく

古い町並周辺 **MAP** 付録P.11 E-3

天保14年（1843）創業で、江戸末期に根付師、松田亮長が生み出した一位一刀彫の技術を現在まで継承する老舗。店内では実際に彫っている風景も見学できる。

☎0577-32-2309
㊟高山市本町1-10
🕘8:30～18:00（冬期は～17:30）
㊡不定休
🚃JR高山駅から徒歩8分 Ｐなし

暖簾を守る津田亮友氏・亮佳氏はともに伝統工芸士に認定。多彩な作品が揃う

「飛騨の匠」といえば木工技術を思い浮かべることが多いが、伝統工芸である飛騨春慶塗、一位一刀彫、郷土工芸である飛騨さしこ、渋草焼、小糸焼、飛騨染など、匠の技は多岐にわたる。その名店で逸品を探す。

# 渋草焼
しぶくさやき

江戸から続く窯元の名品

天保12年（1841）、飛騨郡代が新たな産業の発展を目指し、「渋草」という地名に半官半民の陶磁器製陶所を開窯させた。以来、同じ場所で技術が継承されてきた。

**染赤唐草マグカップ（小）**
**1万8000円（税別）**
伝統的な唐草模様に朱染めの花をあしらったマグカップ。伝統とモダンとの融合

**竜間取六角小鉢**
**1万5000円（税別）**
渋草焼の伝統である手描きで絵付け。その風合いが存分に楽しめる小鉢。龍が舞う絵柄は迫力も

**染付ねじ皿 1万5000円（税別）**
食卓が華やかになるデザインとその丈夫さから人気を集める皿

**獅子見込長皿**
**1万1500円（税別）**
中央に勇猛な獅子の絵が描かれた長皿。八角皿などもラインナップ

## 渋草焼 窯元 芳国舎
しぶくさやき かまもと ほうこくしゃ

**古い町並 MAP 付録P.10 B-2**

開窯ののち、明治12年（1879）、勝海舟の命名により「芳国社（舎）」として会社を設立以来、渋草焼の伝統と技術を生かし、現在も窯元を守り続ける老舗だ。

📞0577-34-0504
🏠高山市上二之町63
🕙10:00～17:00
🏠不定休（要問い合わせ）
🚃JR高山駅から徒歩12分
🅿なし

製品はパリ万国博覧会、日英博覧会、国内共進会などで功績を残してきた

# 小糸焼
こいとやき

伊羅保の深い渋さに魅了

戦後間もない昭和21年（1946）から4代にわたって、高山市西郊・小糸の地で作り継がれている。伊羅保と呼ばれる伝統的なつやや消しの釉薬が特徴。

**小ジョッキ**
**2750円**
小ぶりながらほどよい大きさのジョッキ。お酒やコーヒーに

**カフェオレボウル**
**2420円**
カフェオレだけでなく、スープやご飯、おかずなど、料理を盛る小鉢としても便利なミニボウル

**小さな花瓶 1100円**
手軽に購入できる一輪挿しはおみやげにも最適。ひとつひとつ異なる色や形は手作りならでは

**リム皿 6600円**
少し深みがあり、汁気の多いメニューの盛り付けも問題なく可能。縁の余白が料理を引き立てる。

## 小糸焼窯元
こいとやきかまもと

**飛騨の里周辺 MAP 付録P.7 D-3**

店舗を併設した窯元。この窯元独自の青伊羅保釉を使った渋いコバルトブルーの釉薬が特徴で人気がある。伝統製法を守る工房の仕事も見学できる。

📞0577-32-1981
🏠高山市上岡本町1-136
🕙要事前確認
🏠不定休
🚃高山濃飛バスセンターからさるぼぼバスで11分、飛騨高山美術館下車すぐ
🅿4台

飛騨の里の近くにある窯元＆店舗。4代目当主・長倉誠氏が技術を伝える

美しい職人技の結晶

# 春慶塗
しゅんけいぬり

木目を生かした黄金色の漆器。慶長12年（1607）、飛騨の大工がサワラの木で作った、蛤形の盆を高山城主が気に入り、塗師の成田三右衛門に塗らせたのが始まりと伝える。

**伝統美を生かしたモダンな製品**

**布張り小箱**
**5400円**
布張り製品は布の種類やカット位置によりデザインが異なる

**丸皿6寸 3650円**
シンプルな形、美しい塗りと光沢が食材を引き立てる。一枚は欲しい春慶塗の皿

**飛騨春慶のピアス 栃杢 紅 ピンククリアカボション**
**3500円**
アクセサリーはすべて一点もの。バリエーションが豊富なのでコーディネートも楽しい

**カードケース 3870円**
木目が美しい高級感あふれる「神代かつら」使用のカードケース

**飛騨春慶のバレッタ 紅**
**3500円**
貴重な栃杢（とちもく）を使用した美しい紅春慶の飛騨春慶塗のバレッタ。各種一点もの

# 山田春慶店
やまだしゅんけいてん

高山駅周辺 **MAP** 付録P.9 D-1
古くから受け継がれている春慶塗製品を扱うと同時に、ピアスなどのアクセサリーやカードケースなどの文具など、時代に合わせたモダンなオリジナル商品を展開する専門店。
☎0577-32-0396
所高山市大新町1-111
営8:00〜17:00 冬季9:00〜16:30
休不定休
交JR高山駅から徒歩17分
Pなし

櫻山八幡宮の参道にある店舗。オシャレな品揃えで支持を集めている人気店だ

# 飛騨染
ひだぞめ

もち米粉などから作られるもち糊を筒や型を使い生地に置き、顔料で染め付けたあと、清水で糊を洗い流し、寒風にさらして色の定着・発色を促すという飛騨の伝統的な染物。

**普段使いできる商品が揃う**

**法被 2万6400円**
高山祭でおなじみの闘鶏楽の衣装柄が施された法被。龍バージョンもあり

**藍染めTシャツ（S、M、L、2L）**
**5500円**
絞り模様を施し、藍で染めた製品。ほかにダンガリーシャツ、ブラウスなど

**闘鶏楽トートバック**
**（龍柄、鳳凰柄）1万4300円**
闘鶏楽の衣装の柄を、トートバッグに同じ技法によって染めた商品（写真は白色と青色）

**泥染めカバン リュック**
**1万340円**
泥染めで仕上げられた洗い風合いの丈夫なリュックサック。格子柄がアクセントに

**扇子 1980円**
馬、白川郷の合掌造り集落、鳳凰、龍など柄が豊富に揃う扇子はおみやげにも人気

# 飛騨染ゆはら染工 直営店
ひだぞめゆはらせんこう ちょくえいてん

高山駅周辺 **MAP** 付録P.7 E-1
創業百数十年。江戸時代より続く飛騨染の老舗。飛騨約88社の祭り衣装を一手に引き受け、伝統を守りつつ、直営店ではバッグや暖簾等の民芸品を販売。
☎0577-36-2113
所高山市松本町38
営10:00〜16:00
休不定休
交JR高山駅からバスで15分
P4台

宮川朝市に合わせて営業し、露店ではなく実店舗を構える。小物も充実している

↑建築家の隈研吾氏がデザインを手がけた自然派カフェ「椅子と珈琲」

↑人間工学と医学的知見をもとに研究されたチェアなど、家具ひとつひとつにこだわる

## HIDA高山店 森と暮らしの編集室
ヒダたかやまてん もりとくらしのへんしゅうしつ
名田町 **MAP** 付録P.7 E-3

### 森の恵みと手仕事のある暮らしが見つかる複合ショップ

岐阜に本社を置く老舗家具メーカー、飛騨産業が展開する複合ショップ。木工家具のラインナップを中心に、クラフトマーケットやカフェを通じて森の恵みと手仕事のある豊かな暮らしを提案。

☎0120-606-655 所高山市名田町1-82-1
⊙10:00〜18:00 休水曜・第3木曜 交JR
高山駅から徒歩15分 Pあり

↑森の恵みをテーマにしたクラフトマーケットは地元作家の作品を中心に取り扱っており、おみやげにもぴったり

## 世界に向けて伝統の技を発信する

# 暮らしを素敵に
# 飛騨家具の魅力

「飛騨の匠」の伝統は、現代技術とともに歩み日々進化を続ける。
よりよい生活シーンを追い求めた、クールジャパンの真髄を知る。

### 飛騨家具のルーツ

森林に恵まれ、奈良時代から木工が盛んだった飛騨高山。優れた木工技術を持つ飛騨の人々は「飛騨の匠(P.59)」と呼ばれ、税の代わりとなるほどの技術を持つ集団だった。大正時代、西洋の曲木家具の技術が伝わると、伝統の技術と豊かな資源を利用して、西洋家具の製造が始まる。以降、日本の家具文化を牽引する存在として、新しい試みと創造を続けている。

## 柏木工
## 高山ショールーム
かしわもっこう たかやまショールーム
飛騨の里周辺 **MAP** 付録P.7 D-3

### 天然木を扱う
### 木製家具の専門カンパニー

飛騨の自然に溶け込んだショールームに、ぬくもりのある家具が並ぶ。ナチュラルな家具に合ったインテリアグッズも充実。KASHIWAの家具を使ったカフェで実際にくつろげる。

☎0577-32-7288 所高山市上岡本町1-260
⊙9:30〜17:30 休無休 交高山濃飛バスセンターからさるぼぼバスで4分、柏木工前下車すぐ Pあり

↑「自由で新しいくつろぎ」がコンセプトのモード・デザインシリーズ。生活スタイルを心地よくするアイデアが随所に

↑贈り物に最適なインテリアグッズがギャラリーを飾る。組み合わせもスタッフと相談しながらイメージできる

↑住居空間や人数、ライフスタイルに合わせてデザインやサイズを選ぶ、受注生産を行う

少し早起きして、活気ある路上で地元の暮らしを体験

# 朝市 交歓のどかなり

高山の朝は毎日開催される朝市から。収穫したばかりの鮮度抜群な農産物のほか
漬物などの加工食品、木工やさしこの工芸品がずらりと並び、眺めるだけでも楽しい。

高山●買う

## 飛騨高山宮川朝市

ひだたかやまみやがわあさいち

古い町並 **MAP** 付録P.8 C-2

### 宮川沿いの伝統朝市
### 散歩や朝食にも最適

高山市街の象徴でもある宮川。鍛冶
橋から弥生橋までの約350mの宮川
東岸沿いにずらり露店が並ぶ。露店
の反対側には、みやげ物屋、テイク
アウトグルメの店なども早朝より店
を開ける。朝食がてら散策したい。

☎080-8262-2185(飛騨高山宮川朝市協
同組合) ⑰高山市下三之町の鍛冶橋か
ら弥生橋の宮川沿い ⑱7:00(11〜3月8:
00)〜12:00 ⑲無休 ⑳JR高山駅から
徒歩10分 ⑳なし

鍛冶橋から飛騨高山
宮川朝市を望む。白い
露店のテントが川沿い
にずらりと並ぶ

⬆宮川の朝市は30分から1時間くらいで十分巡ることができる。各店
を運営している元気なお母さんたち「かかさ」との会話も楽しめるのも
朝ならでは。途中、鯉が泳ぐ宮川の河川敷に下りられる場所もある

## 宮川朝市で買えるもの pick up

**サンショウの実**
春から夏にかけての時期
にしか並ばないサンショ
ウの実。香り高く味わい
も良い。200円/1山

**さかずきぼぼ**
酒どころ飛騨を表す
さるぼぼの置物。繁
栄を象徴する松ぼっく
り入り。600円/1体

**飛騨高山
りんごジュース**
リンゴや桃の栽培を行
う諏訪果樹園ではご当
地りんごジュースを販
売。160円/1本

**赤かぶら千枚漬**
名物の赤かぶ漬け。甘
酢で漬けてあり口当た
りの良い甘酸っぱさが
特徴。350円/1袋

**自家製蜂蜜**
地元養蜂業者による日
本ミツバチが集めた飛
騨高山産の自家製ハチ
ミツ。4000円/250g

**寄木髪留め**
寄木細工で作られた木の
材質の風合いがおしゃれ
な髪留め。いろいろな柄
あり。2500円/1個

**赤かぶ長漬け**
赤かぶを伝統製法のまま
塩だけでまるごと漬けた。
シンプルな塩味がご飯に
合う。400円/1袋

こだわりの品々が
たくさん。ぜひ、
朝市に来てね

**布ぞうり**
肌ざわりがやわらか
く履き心地がよい木
綿の布ぞうり。洗濯
できるのもうれしい。
1200円/1足

※商品の内容、価格などは変動の可能性があります

## 高山朝市のこと

**始まりは約200年前**
江戸時代から、米市、桑市、花市などとして発展。明治中期から、農家の女性によって野菜が並べられ、朝市と呼ばれるようになった。

**「かかさ」と話そう**
飛騨の方言で農家のお母さんのことを「かかさ」と呼ぶ。朝市の醍醐味は多彩な商品の品揃えのほか、店番をする元気なかかさとの会話。

**販売しているもの**
収穫したての鮮度抜群の旬の農産物や山菜に加え、名物の赤かぶを使った漬物、豊富な種類の餅製品、かわいいさるぼぼアイテムなどが並ぶ。

⬆高山市丹生川町特産の宿儺(すくな)かぼちゃ。甘みの強さが特徴

⬆白根部分が太くて大きい飛騨ねぎは焼けばとろける食感が絶品だ

⬆厄除け、病除けのご利益があるというさるぼぼグッズも豊富に揃う

# 高山陣屋前朝市
たかやまじんやまえあさいち

古い町並 **MAP** 付録P.11 F-3

## 約半世紀の歴史を有する 高山シンボル前の伝統市

高山のかつての中心、高山陣屋前で毎朝開催。中断時期はあったものの大正時代から続く伝統的な朝市だ。出店は20〜30店と宮川朝市に比べると若干小規模。しかし、周囲に観光スポットも多く観光客で大いに賑わう。

☎0577-32-3333(高山市観光課)
🏠高山市八軒町1-5(高山陣屋前)
🕐7:00(1〜3月8:00)〜12:00
🈚無休 🚃JR高山駅から徒歩10分
🅿なし

陣屋の表門前で毎日開催。陣屋の見学がてら立ち寄る人も多い朝市だ

⬆新鮮野菜はもちろん、餅製品、果物、生花、加工食品などを販売。近くに古い町並、市政記念館があり観光のスタート地点におすすめ

## 高山陣屋前朝市で買えるもの pick up

**手づくり三年みそ**
自家製米の麹を使い3年間熟成させた味噌。特に味噌汁におすすめ。600円/1kg

**あぶらえ**
飛騨の言葉で「あぶらえ」とはえごまのこと。五平餅のタレにも使われる。800円/1袋

**グリーンピース**
青えんどうの未熟な実であるグリーンピース。炊き込みご飯にいかが。500円/1袋

**ごはんどろぼう**
赤かぶ漬けを細かく刻んでふりかけ用に仕上げた製品。ご飯がすすむ一品。350円/1袋

**梅漬け**
しその葉と塩だけで漬けた手作りの梅干し。昔ながらの塩辛さが人気。500円/1パック

**玉ネギ**
新玉は、収穫したてを販売。新鮮野菜は鮮度が良く地元客も購入する。100円/1束

**さくらんぼ**
市内の山本果樹園で収穫したサクランボ。夏にはブドウ、秋には梨も販売。1080円/1パック

**豆もち**
大豆、黒豆、青大豆を使った三色豆もち。こんぶ餅や玄米餅などもある。500円/1袋

※商品の内容、価格などは変動の可能性があります

# 高山の名産&名菓をお持ち帰り
# 美味みやげSelection

古くから愛される郷土の味覚や飛騨で生まれたオリジナル商品など、
一口味わえば、旅の余韻に浸れる逸品ばかり。

**宿儺かぼちゃの
三ツ星プリン**
**400円（1個）**
プリンの中に塩、胡椒
で味付けしたカボチャ
のピューレが入る
ル・ミディプリン専門店

**三嶋豆**
**432円（80g）**
厳選した国産大豆をじっくり
と炒り、秘伝の砂糖と絡め炭
火で乾燥させて仕上げる
馬印 三嶋豆本舗

**早蕨**
**590円（1箱）**
「冷蔵庫で冷やさな
い」とのただし書き
はやさしい食感を大
切にする思いから。
季節限定品もあり
いわき

**甘々棒**
**540円（12本）**
古くから飛騨の匠の
仕事中のおやつとし
て親しまれた、きな
粉の練り菓子
飛騨菓子匠 音羽屋

**高山●買う**

**みだらしラスク**
**540円（10枚）**
飛騨高山の代表的なお
やつ「みだらしだんご」
の甘じょっぱさがくせ
になる味わい
高山ラスク

**麦落雁**
**1250円（20個）**
大麦の煎り粉を使っ
た落雁。香ばしく昔
懐かしい味わい
分隣堂

**飛騨のかたりべ**
**972円（12個）**
きな粉と香煎の練り生地
に、糖蜜を絡めた香ばし
く上品な半生菓子
飛騨菓子匠 音羽屋

**こくせん**
**540円（150g）**
飛騨地方の農家がさま
ざまな穀物をせんべい
状に固めて作った菓子
飛騨菓子匠 音羽屋

**五平餅ラスク**
**540円（10枚）**
味噌の香りとごま
の香ばしさが際立
つ、五平餅の風味
がそのまま残る素
朴な味わい
高山ラスク

**栗よせ（秋のみ）**
**1300円（半棹）／2600円（一棹）**
上質な栗と小豆餡を合わせて蒸し
あげた棹物。9月から販売する高
山の秋の味覚。写真は半棹
分隣堂

## おみやげはココで購入

### ル・ミディ プリン専門店
ル・ミディプリンせんもんてん

古い町並周辺 **MAP** 付録P.11 D-3

高山の創作料理の名店「ル・ミディ」直営のプリ
ン専門店。伝統野菜である宿儺かぼちゃ、飛騨
産の卵や牛乳を駆使した濃厚なプリンが絶品。

☎0577-57-8686 所高山市本町2-3
⏰10:30～15:00（売り切れ次第閉店）
休不定休 交JR高山駅から徒歩8分 Pなし

### 高山ラスク
たかやまラスク

古い町並 **MAP** 付録P.11 D-1

パン作りの工程からこだわる自慢のバゲットが、
ラスク特有のサクサク感を演出。飛騨高山なら
ではのユニークな味も揃い、おみやげに最適。

☎0577-33-0477（石本製菓）
所高山市下三之町1 ⏰10:00～16:00
休不定休 交JR高山駅から徒歩13分 Pなし

### いわき

古い町並 **MAP** 付録P.11 E-2

中橋近くの行列ができるわらび餅専門店。岐阜
県産わらび粉を使った「早蕨」のみを販売。と
ろとろで口どけのよい食感がくせになる。

☎0577-34-1113 所高山市上三之町111-2
⏰9:00～15:00（売り切れ次第閉店）
休不定休 交JR高山駅から徒歩12分 Pなし

### 馬印 三嶋豆本舗
うまじるしみしままめほんぽ

古い町並 **MAP** 付録P.11 E-1

明治8年（1875）の創業以来、昔ながらの製法を
守る豆菓子店。上質な砂糖を使った三嶋豆は、
古くより高級菓子として人々から愛されている。

☎0577-32-1810 所高山市上一之町103
⏰9:00～16:00 休月曜
交JR高山駅から徒歩13分 Pなし

### 飛騨菓子匠 音羽屋
ひだかししょうおとわや

古い町並周辺 **MAP** 付録P.10 C-4

「飛騨だがし」という呼び名を広め、古くから親
しまれる老舗菓子屋。昔ながらの素朴な駄菓子
をはじめ、和菓子やオリジナル商品なども販売。

☎0577-33-4636 所高山市有楽町22
⏰11:00～16:00
休不定休 交JR高山駅から徒歩7分 Pなし

### 分隣堂
ぶんりんどう

古い町並 **MAP** 付録P.10 A-2

高山に根付いた和菓子作りを大切にする店。落
雁や季節ごとの生菓子など、目でも口でも季節
や旬を感じさせる和菓子が並ぶ。

☎0577-32-1844 所高山市下二之町70
⏰8:00～19:00 休無休
交JR高山駅から徒歩12分 Pなし

飛騨牛使用ビーフカレー缶
**1080円（430g）**
飛騨牛と淡路島産の玉ネギを贅沢に使用した香り豊かなカレー。飛騨牛の旨みが溶け込んだ店の自信作 キッチン飛騨

ご飯にかける
ハンバ具ー
**756円（120g）**
自家製飛騨牛ハンバーグをそぼろ状にした新感覚のご飯のお供。さまざまな料理のアレンジにも使える キッチン飛騨

漬物ステーキ
しょうゆ味
**490円（1袋）**
漬物ステーキは、漬物を焼いて食べる飛騨の郷土料理。タレと薬味も付いている
長岡屋

赤かぶら漬
**590円（1袋）**
昔ながらの赤かぶの塩漬け。長い冬の間にゆっくりと発酵・熟成させた自然の酸味が特徴
長岡屋

こもとうふ
**320円（1個）**
まろやかな味と歯ごたえが独特な豆腐。じっくりと煮込み、素材に味を染み込ませていく
陣屋とうふ 古川屋

地元料理店の朴葉みそ
**702円（200g）**
従来の朴葉味噌に熟成本みりんと熟成古酒で、こくと旨みを詰め込む
醸造元角一

飛騨小町の
手造りドレッシング
赤かぶソース（右）、
飛騨ねぎソース（左）
**各530円（120mℓ）**
飛騨の素材をふんだんに使ったオリジナル商品。ほかにもトマト、青じそ、あぶらえなど買い揃えたくなる商品が並ぶ
飛騨小町

飛騨むぎ茶
粒タイプ
**680円（左）**
ティーバッグタイプ16P
**691円（右）**
大麦育成〜製造までオール飛騨の麦茶
なべしま銘茶

飛騨紅茶
ファーストフラッシュ
ティーバッグ8P
**2160円（左）**
セカンドフラッシュ
ティーバッグ8P
**1425円（右）**
奥飛騨の温泉水を使用し、作り上げた和紅茶
なべしま銘茶

あげづけ
**214円（5枚）**
厚目の生地を1枚ずつ手揚げし、独自に調合したタレで仕上げる。軽く炙るだけで風味と旨みが口に広がる
陣屋とうふ 古川屋

飛騨醤油
**572円〜（1ℓ）**
素材の味や香りを引き出す本醸造こむらさきや、味噌たまりをブレンドした別誂たまり醤油など、料理の幅が広がる
醸造元角一

美味みやげ Selection

---

## キッチン飛騨 ⊙P.70
キッチンひだ

古い町並周辺 **MAP** 付録P.11 D-4
レストランの入口に売店を設けており、飛騨牛を使ったカレーやシチュー、ハムやハンバーグなどオリジナル商品が揃う。

## 陣屋とうふ 古川屋
じんやとうふ ふるかわや

高山駅周辺 **MAP** 付録P.11 D-3
飛騨に伝わる昔ながらの製法で、自然豊かな風味を生かす豆腐屋。飛騨で生まれた「味付こもとうふ」など、素朴な味わいの豆腐は絶品。

☎0577-34-0498 所高山市本町1-32
営9:00〜16:00 休火曜
交JR高山駅から徒歩8分 Pなし

## 長岡屋
ながおかや

古い町並周辺 **MAP** 付録P.11 E-3
創業から90年余り、飛騨の漬物などを製造する飛騨山味屋の直営店。赤かぶら漬をはじめ、漬物や味噌など飛騨ならではの食品を扱う。

☎0577-33-3531 所高山市本町1-45
営9:00〜17:00 休不定休
交JR高山駅から徒歩10分 Pなし

## 醸造元角一
じょうぞうもとかくいち

古い町並 **MAP** 付録P.11 D-1
明治23年（1890）創業、日下部味噌醤油醸造の直営店。朴葉みそをはじめ、酒の肴にぴったりの商品が並ぶ。

☎0577-32-0122 所高山市上一之町90
営9:00〜17:00 休無休
交JR高山駅から徒歩12分 Pあり

## 飛騨小町
ひだこまち

古い町並 **MAP** 付録P.10 B-3
手作りジャムやドレッシングを専門に販売。飛騨桃ソフトや飛騨肉コロッケ、肉まんなどテイクアウトも扱っているので立ち寄りやすい。

☎0577-32-0318 所高山市上三之町47
営9:30〜17:00（冬季は変更あり）
休不定休 交JR高山駅から徒歩10分 Pなし

## なべしま銘茶
なべしまめいちゃ

古い町並 **MAP** 付録P.9 D-2
創業明治41年（1908）以来、飛騨でお茶や茶道具などを扱う専門店。有形文化財の店舗で緑茶や玄米茶のほか、国産品種にこだわった紅茶なども販売。

☎0577-32-4086 所高山市下一之町12
営10:00〜17:30 休水曜
交JR高山駅から徒歩13分 Pあり

# HOTELS 泊まる

## 格式高い粋な空間に泊まる贅沢
# 町の風情に溶け込む極上の宿

飛騨の文化と季節感を伝える古都の宿。心から落ち着ける部屋に美食や温泉、和のおもてなしが上質なひとときへ誘う。

静かな大人の隠れ家で良泉と美食を存分に愉しむ

### 花扇別邸いいやま
はなおうぎべっていいいやま

本母町 MAP 付録P.7 E-1

部屋数限定のプライベート感を大切にする宿で、ロビーや囲炉裏裏などに飛騨の風情を感じる。露天風呂付きやメゾネットタイプなど、趣の異なる客室が揃い、自家源泉の「神代の湯」は、美肌効果があると女性客に評判が高い。個室で味わえる京風会席も絶品。

☎0577-37-1616
高山市本母町262-2 ✕JR高山駅から車で7分(高山駅から無料送迎あり、要予約)
Pあり 15:00 out11:00
15室 1泊2食付2万6950円～ ※立ち寄り湯 不可

1.寝室と居間が別々に利用できるツインベッドを配した二間続きのスーペリア
2.露天風呂もつくりはさまざま
3.喧騒から離れた静かな古民家風の宿
4.大浴場でたっぷり美肌効果を満喫
5.季節感あふれる「飛騨牛会席膳」
6.宮大工の匠の技が生きる神代ケヤキで組まれた合掌造りの吹き抜けロビー

84

飛騨の伝統が息づく旅館で
和の風情を満喫する

## 有形文化財の宿
## 旅館かみなか
ゆうけいぶんかざいのやどりょかんかみなか

高山駅周辺 **MAP** 付録P.8 B-3

明治21年(1888)に建てられ、国の有
形文化財に登録されている老舗旅館。
客室の入口格子戸に施された客室名
を表す彫刻は飛騨の匠により手がけ
られたもの。春のツツジや秋の紅葉な
ど四季折々の景観が楽しめる日本庭
園も見どころ。

☎0577-32-0451
🏠高山市花岡町1-5
🚃JR高山駅から徒歩3分(送迎なし)
🅿あり in16:00 out10:00 室10室(全室
禁煙) 💴1泊2食付1万6500円〜
※立ち寄り湯 不可

1. 情緒あふれる伝統的
な木造建築
2. 2階にある角部屋の
「竹の間」からは、日本
庭園が一望できる
3. 粋を凝らした和風の
客室に心が安らぐ
4. 料理は飛騨牛をはじ
め、旬の食材を贅沢に
取り入れている
5. 創建当時の面影を感
じるしつらえが随所に
残っている

部屋にこもって心おきなく
贅沢な時間を過ごせる

## 本陣平野屋 花兆庵
ほんじんひらのやかちょうあん

古い町並周辺 **MAP** 付録P.11 E-3

町なかにありながら落ち着いた雰囲
気の宿。半露天風呂付きの客室や7種
類の和洋室など個性豊かな客室が揃
っているのがうれしい。こだわり抜い
た飛騨の幸が堪能できる朝夕の食事、
エステと温泉が利用できる女性専用
の「りらっくす蔵」など、宿での楽し
みも満載。

☎0577-34-1234
🏠高山市本町1-34
🚃JR高山駅から徒歩10分(高山駅から無料
送迎あり、要予約) 🅿あり in15:00
out11:00 室24室(全室禁煙)
💴1泊2食付3万4100円〜(入湯税別)
※立ち寄り湯 不可

1. 観光に便利な立地が
魅力。送迎や駐車場サー
ビスも充実している
2. 飛騨産の家具に囲ま
れた60㎡のスイート
3. 2023年12月、新たに
6室のスイートルームが
オープン!
4. 白壁の土蔵の中にあ
る浴室で安らげる女性専
用施設「りらっくす蔵」
5. 夕食の献立は月替わ
りで、味はもちろん見
た目の美しさにもこだ
わりがある
6. 調理長厳選の飛騨牛
を多彩な調理法で楽し
める「飛騨牛づくし」

町の風情に溶け込む極上の宿

## 「木」をテーマにした客室と
## 美肌の湯に癒やされる

# 飛騨亭花扇
ひだていはなおうぎ

本母町 **MAP** 付録P.7 E-1

神代ケヤキや神代杉など、「木」をテーマにしたぬくもり感あるつくり。飛騨高山では数少ない自家源泉の温泉は、肌になじむ美容液のようなやわらかな泉質が評判という、癒やし効果抜群の宿。最高級の飛騨牛が味わえる繊細な会席料理も満喫できる。

☎0577-36-2000
所高山市本母町411-1 交JR高山駅から車で7分(高山駅から無料送迎あり、要予約) Pあり in15:00 out11:00 客49室(全室禁煙) 予約1泊2食付2万7000円〜
※立ち寄り湯 不可

1. 木漏れ日あふれるアプローチを抜けて広々としたロビーへ
2. 天然木のぬくもりを感じる純和風の露天風呂付き一般客室
3. 旅の疲れを癒やせる足湯
4. 最高級の飛騨牛や滋味あふれる地元食材の会席料理

---

## 古木のぬくもりに満ちた
## 風情あふれる和風旅館

# 旅館あすなろ
りょかんあすなろ

高山駅周辺 **MAP** 付録P.8 B-2

約200年前の越後の豪農の館を移築復元したロビーが圧巻。和モダンの和洋室や、情緒ある囲炉裏が付いた客室が人気。夕食は飛騨牛と郷土料理が堪能できる会席、朝食には飛騨の名物・朴葉味噌が味わえる。

☎0577-33-5551
所高山市初田町2-96-2 交JR高山駅から徒歩6分(送迎なし) Pあり in14:00 out10:00 客18室(全室禁煙) 予約1泊2食付2万6500円〜 ※立ち寄り湯 不可

1. 飛騨牛を中心にした素朴で滋味深い「合掌料理」は逸品
2. 囲炉裏のある居心地のよいロビー。無料のコーヒーサービスでくつろげる空間
3. 高山駅からも近く朝市へも徒歩5分ほどと好立地
4. ほのかに硫黄の匂いが漂う御影石と檜の大浴場
5. 囲炉裏が付き、飛騨の温かみと風情を醸し出す特別室の「花かんざし」

伝統の飛騨文化に現代感覚を
融合させた和モダンな宿

# おやど古都の夢
おやどことのゆめ

高山駅周辺 MAP 付録P.8 B-3

懐かしさの漂う飛騨の古民家に、現代
的な感覚を取り入れた和モダンな空
間。客室はテーマごとに趣が異なり、
浴衣の貸し出しやアロマコーナーが
設けられるなど細やかなもてなしが
評判を呼ぶ。

☎0577-32-0427
所 高山市花里町6-11
交 JR高山駅から徒歩2分（送迎なし）
P あり in 15:00 out 10:00
客 25室（全室禁煙）
予算 1泊朝食付1万5000円〜（夕食はなし）
※立ち寄り湯 不可

1.玄関を入った上がり框にも趣が漂う
2.やわらかい明かりでライトアップされた
女性用大浴場。男女とも露天風呂を併設
3.和モダンの客室「さくらの間」は、市松模
様の障子と赤いソファが印象的
4.朝食の郷土料理・朴葉みそ定食
5.和の情緒あふれる特別室「春慶の間」

## 眺望自慢のリゾートホテル

露天風呂と客室から
北アルプスが望める

# ホテルアソシア高山リゾート
ホテルアソシアたかやまリゾート

越後町 MAP 付録P.7 D-4

高台に建つ森のリゾートホテル。全室
35㎡以上の客室からは北アルプスを
一望でき、開放感が自慢の10種の露
天風呂では至福のリラックスタイム
を過ごしたい。最上階の天の湯では、
空と北アルプスの壮大な風景が堪能
できる。

☎0577-36-0001
所 高山市越後町1134 交 JR高山駅から無料
シャトルバスで10分（予約不要、定時運行）
P あり in 15:00 out 12:00
客 290室 予算 1泊2食付1万8400円〜
※立ち寄り湯7:00〜11:00、13:00〜21:00
／1500円／除外日あり

1.北アルプスを一望できる露天風呂
2.標高640mの丘の上に建つ
3.地元の食材にこだわる朝食
4.プライベート感満点の貸切露天風呂
5.広々とした客室

町の風情に溶け込む極上の宿

白壁土蔵に沿って流れる瀬戸川には1000匹もの鯉が泳ぐ

街歩きのポイント

城下町の姿が残る町の中心部。写真を撮りながら歩こう

飛騨牛や朴葉味噌、地酒など極上グルメが堪能できる

和蝋燭や切り絵などの伝統工芸品をおみやげに

## 城下町の面影が残る高山の奥座敷

# 飛騨古川

ひだふるかわ

戦国時代から連綿と続いてきた城下町の形態。
町の中心部は碁盤目に整然と区割りされ、
白壁土蔵や悠々と鯉が泳ぐ瀬戸川の景観が美しい。

➡鮮やかな鯉が流れを彩る。11〜4月は近くの天神池に引っ越す

## 随所に匠の技が光る風情ある町並みが魅力

　古川盆地の中央部に位置し、緑豊かな山々に囲まれた町は、金森長近の養子、可重によって整えられた。白壁土蔵や鯉が泳ぐ瀬戸川、奇祭と名高い勇壮な祭り、匠の技が光る伝統工芸など、見どころも多い。秋には盆地霧と呼ばれる朝霧が立つことから「朝霧立つ都」とも呼ばれる。

### 交通information

鉄道 JR高山駅から特急ひだで約15分
車 高山中心部から国道41号経由で15km

## 瀬戸川と白壁土蔵街

せとがわとしらかべぞうがい

**MAP** 付録P.12 B-2

### 町を象徴する伝統的景観

約500m続く町のメインストリート。四季折々に美しい姿が楽しめる。往時の景観のなかにも住民の生活が息づき、穏やかな時間が流れている。

☎0577-73-2111
（飛騨市まちづくり観光課）
🏠飛騨市古川町殿町および壱之町
🚃JR飛騨古川駅から徒歩5分

➡川に沿って土蔵や石垣が続く、飛騨古川のメインスポットだ

# 壱之町・弐之町通り
いちのまち・にのまちどおり

**MAP** 付録P.12 B-2

## 調和のとれた町並み

伝統的な建築物を表彰する観光協会による景観デザイン賞を受賞した住宅や、住民の手によって補修された町家が軒を連ねる。

↑造り酒屋の伝統的な木造建築は国の登録有形文化財

☎0577-73-2111（飛騨市まちづくり観光課）
🏠飛騨市古川町壱之町および弐之町
🚉JR飛騨古川駅から徒歩6分

古川町景観デザイン賞はこれまでに180軒以上を選定

話題のものづくりカフェ

### 飛騨の森や地域の恵みを体感

# FabCafe Hida
ファブカフェ ヒダ

飛騨の木材を使った箸作りなどが楽しめるレーザーカッターなど、デジタルなマシンを利用できる体験も。カフェでは、地元の牛乳を使ったカヌレ、森で採れる香木を使用したクロモジコーヒーなど、地産地消のメニューを提供している。

**MAP** 付録P.12A-2

☎0577-57-7686　🏠飛騨市古川町弐之町6-17
🕙10:00〜16:00　休水曜　🚉JR飛騨古川駅から徒歩6分　Pなし

↑飛騨の広葉樹を使った箸作り体験

城下町の面影が残る高山の奥座敷

古川局📮

古川町末広町

富山駅🚉

本町

飛騨市役所

飛騨市文化交流センター

N

0　　100m

古川祭の迫力をハイビジョン4K映像で体感。実際の屋台も展示されている

古川町本町

誓願寺卍

飛騨市美術館

高山本線

P.90 飛騨古川まつり会館

室町時代の姿が今も残り、明治の大火から寺を守った「水呼びの亀」がある

飛騨市観光案内所ℹ️

飛騨古川駅

上気多

P.63 飛騨の匠文化館

円光寺 P.90

古川町金森町

金森町

古川町弐之町

P.90 三寺めぐり朝市

飛騨里山サイクリング

瀬戸川と白壁土蔵街 P.88

### レトロな建物ウォッチング

古来より税に代わり飛騨の匠と呼ばれる大工を労役として輩出してきた歴史を持つ飛騨古川。卓越した匠の技が光る独特の建築様式が随所に見られる。

P.93 井之廣製菓舗S

C FabCafe Hida P.89

渡辺酒造店 P.93

創業300年を超える老舗の造り酒屋。蔵の見学や試飲もできる

荒城川に架かる鮮やかな赤色の橋。桜スポットとしても人気

S蒲酒造場

壱之町通り P.89

古川町殿町

三嶋和蝋燭店S P.93

瀬戸川

三之町通り

弐之町通り P.89

C壱之町珈琲店

宮川

P.90 真宗寺

古川町三之町

本光寺 P.90

↑雲の彫刻が施された軒下の肘木は大工の誇りを示すシンボル

↑デリケートな祭屋台を保管する屋台蔵。扉には台紋が見られる

今宮橋

P.92 蕪水亭H

荒城川

霞橋

H八ツ三館 P.92

89

# 本光寺
ほんこうじ

**MAP** 付録P.12 B-2

## 戦後木造建築物で飛騨地域最大級

天文中期の開基で、総檜造りの本堂
や山門に匠の技が光る。信州の製糸
工場へ出稼ぎに向かう女性らがお参
りした歴史が残る。

☎0577-73-2111(飛騨市まちづくり観光課)
🏠飛騨市古川町弐之町1-17 🕐拝観自由
🚃JR飛騨古川駅から徒歩5分 Ⓟなし

↑古川の名工・山脇八尋
によって建てられた山門

↑境内には小説『あゝ野
麦峠』の記念碑がある

↑合掌造りの技が用いられた本堂は、柱のない大空間が広がっている

# 真宗寺
しんしゅうじ

**MAP** 付録P.12 A-2

## 今宮橋との対比が美しい

享徳2年(1453)に白川郷で建立後、
天文11年(1542)に当地に移転された。
本堂正面の麒麟、龍、亀の見事な彫
刻は飛騨の匠が手によるもの。

☎0577-73-2111(飛騨市まちづくり観光課)
🏠飛騨市古川町三之町3-10 🕐拝観自由
🚃JR飛騨古川駅から徒歩8分 Ⓟなし

↑今宮橋の手前に建つ山
門も撮影スポット

↑荒城川に架かる色鮮や
かな今宮橋

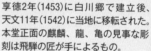

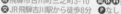
↑14間4面総檜造りの本堂は木造建築として飛騨随一の規模を誇る

# 円光寺
えんこうじ

**MAP** 付録P.12 B-1

## 室町時代の様式が残る

明治の大火を逃れた本堂は、最も歴
史のある建造物。室町時代の名残を
とどめており、今なお荘厳な雰囲気
を醸し出している。

☎0577-73-2111(飛騨市まちづくり観光課)
🏠飛騨市古川町殿町11-11 🕐拝観自由
🚃JR飛騨古川駅から徒歩5分 Ⓟなし

# 飛騨古川まつり会館
ひだふるかわまつりかいかん

**MAP** 付録P.12 B-1

## ハイビジョン4K映像で祭りを体感

古川祭の勇壮な雰囲気が体験できる
ミュージアム。実際の起し太鼓や屋
台行列の様子を4K映像ホールで上映。
からくり人形の操作体験もできる。

☎0577-73-3511 🏠飛騨市古川町壱之町14-5
🕐9:00～16:30(12～2月は～16:00) 🈂無休
💴700円 🚃JR飛騨古川駅から徒歩5分 Ⓟ飛騨
市役所駐車場利用

↑本堂の軒下にある亀の彫刻は「水呼びの亀」
といわれ、古川大火から寺を守ったとされる

↑祭りの豪華絢爛な屋台も展示されている

---

## 朝市に行ってみよう

飛騨の伝統野菜が並ぶことも。
早起きしてのぞいてみよう。

### 新鮮な朝採れ野菜がずらり

# 三寺めぐり朝市
さんてらめぐりあさいち

飛騨の匠文化館(P.63)向かいの
建物内で開かれる。新鮮で安全
な旬の野菜や花を中心に、民芸、
手芸品、飛騨の特産品も販売。

**MAP** 付録P.12 B-1

☎0577-73-5501 🏠飛騨市古川町壱之
町10-1 🕐8:00～15:00
🈂5～11月の火曜 ※冬季は要問い合わせ
🚃JR飛騨古川駅から徒歩6分 Ⓟなし

↑新鮮な野菜や民芸品が並ぶ

「起し太鼓」と「付け太鼓」に分かれたさらし姿の男たちの攻防戦が見もの

## 勇ましい伝統神事

# 古川祭・起し太鼓
ふるかわまつり・おこしだいこ

飛騨に春の到来を告げる気多若宮神社の例祭。勇壮な「動」の祭りと雅な「静」の祭りが一度に行われ、その対比がおもしろい。天下の奇祭と呼ばれ、ユネスコ無形文化遺産に登録されている。

豪華絢爛な9台の祭屋台が町内を巡行、からくり人形や獅子舞も披露される

## 飛騨古川の祭りを訪ねて

# 喧騒の夜、風雅の夜

江戸時代の高山城主・金森氏の影響と飛騨の匠の技術により、豪華絢爛、文化の薫り高い神事が伝承されてきた。

## 幻想的な灯りがともる

# 三寺まいり
さんてらまいり

開催日時
1月15日

200年以上も前から続く、冬の飛騨を代表する行事。灯籠流しも行われる

親鸞聖人の御遺徳を偲び、円光寺、真宗寺、本光寺の3つの寺を参拝する伝統行事。明治時代に若い男女の出会いの場となったことから、縁結びのお参りとして親しまれるようになった。

瀬戸川沿いには千本ろうそくが灯され、冬の風物詩として知られる

## 厳かに行列が進む

開催日時
9月第4土曜

# きつね火まつり
きつねびまつり

御蔵稲荷神社の例祭に併せて始まった「きつねの嫁入り」をテーマとしたイベントが祭りとして定着した。松明の明かりがゆらめき、厳かで幻想的な世界が広がる。

「きつねの嫁入り」を模した幻想的な行列。主役の花婿花嫁は全国公募

山と海の旨みを味わい尽くす
料亭ならではのおもてなし

## 八ツ三館
やつさんかん

**MAP** 付録P.12 B-2

安政年間(1854〜60)創業の老舗料亭旅館。宮大工が建てた「招月楼」をはじめ「観月楼」「光月楼」と内装や間取りにこだわった客室が自慢。流葉温泉から運ばれる温泉は美肌効果のあるアルカリ性単純温泉。バラ風呂や果物を浮かべたイベント風呂も楽しめる。

☎0577-73-2121
所飛騨市古川町向町1-8-27 交JR飛騨古川駅から徒歩7分(飛騨古川駅から無料送迎あり、要予約) Pあり in15:00
out10:00 室18室(全室禁煙)
予1泊2食付2万4200円〜
※立ち寄り湯 11:30〜14:00/500円/不定休

1.「光月楼」の「清華の間」は木のぬくもりをテーマにした贅沢な空間。国の登録有形文化財に指定された「招月楼」の玄関ロビー 3.露天風呂付き「せせらぎの湯」大浴場 4.18の客室すべてに異なるテーマがある

---

## 老舗の料理旅館で、本当のおもてなしにふれる

# 美食の宿で過ごす、という贅沢

飛騨牛をはじめ、日本海の新鮮な魚介類、天然の川魚や山菜など、山海の幸に恵まれた飛騨古川。
高山での宿泊もいいが、プレミアムなおとな旅には飛騨古川のこの2軒を推したい。純和風の名旅館だ。

1.旅館の名には、漬物用のカブを洗う水清らかな地との由来がある 2.荒城川(別名蕪川)と宮川の合流点に建つ。1棟貸切の部屋が魅力 3.飛騨の食文化・もてなしの歴史が感じられる「一水の間」

昭和初期の落ち着いた客座敷
3室のみの贅沢な料理旅館

## 蕪水亭
ぶすいてい

**MAP** 付録P.12 A-2

明治3年(1870)創業。飛騨の郷土料理の代表格である朴葉味噌発祥の宿としても知られる。自然の恵みを愛でながら「薬草料理」というごちそうを楽しむことができる。重厚ながら重圧感を与えない落ち着いた雰囲気の施設内は安心感を感じられる。

☎0577-73-2531
所飛騨市古川町向町3-8-1
交JR飛騨古川駅から徒歩9分(送迎なし)
Pあり
in15:00 out10:00
室3室(全室喫煙可)
予1泊2食付2万3760円〜
※立ち寄り湯 不可

Ⓐ 3匁生掛
和蝋燭セット
朱、白、らせんの3種類の
3匁和蝋燭のセット。
2匁セットなど違う大き
さもあり。
640円(1セット)

生掛和蝋燭 Ⓐ
高さや太さが違う多
彩な和蝋燭が揃う。
芯が空洞になってい
るため風がなくても
炎がゆれるのが特徴。
180円〜(1本)

# 古くから愛されてきた名品
# 飛騨みやげ

町そのものが博物館のような飛騨古川。
道筋に残る商家ではロングセラーの名品に出会える。

飛騨のどぶ Ⓒ
禁断の秘蔵酒とい
われる飛騨名物。
ほんのり甘く、と
ろりとして濃厚な
のにあっさりした
飲み口が特徴。
1400円(720㎖)

味噌煎餅(右) Ⓑ
ちょこっと珈琲入り
味噌煎餅(左)
味噌煎餅は、3年間熟成させた
自家製味噌を塗って焼き上げた
伝統の味。ちょこっと珈琲入り
味噌煎餅は、チョコレートと飛
騨の老舗珈琲店の珈琲が絶妙
にマッチしている。
味噌煎餅540円(2枚入り×6袋)
ちょこっと珈琲入り味噌煎餅
162円(2枚入り)

Ⓑ
酒粕入り味噌煎餅
飛騨を代表する老舗酒蔵の
酒粕をふんだんに使用。上
品な風味が広がる大人向け
の味噌煎餅。
432円(11枚入り)

超吟しずく Ⓒ
大吟醸のなかから
さらにできのよい
ものを選んで造る
極上のエッセンス
のような酒。司馬
遼太郎が愛飲した。
6000円(720㎖)

ちょこっとえごま入り味噌煎餅
チョコレートと飛騨産のえごまをト
ッピングした新感覚の一品。チョコ
レートの甘みとえごまの香ばしさを
楽しみたい。130円(1枚)

蓬莱 純米吟醸 Ⓒ
家伝手造り
贅沢な米遣いをする
蓬莱の定番酒。派手
さを求めず、気品あ
る素直な味わいの純
米吟醸を目指した自
信作 1540円(720㎖)

---

## 全国的に希少な和蝋燭を伝える

### Ⓐ 三嶋和蝋燭店
みしまわろうそくてん
MAP 付録P.12 B-2

全国でも数少ない和蝋燭の製造を行
う店。創業は約240年前の江戸中期、
ハゼの木の実を搾った天然のろうや、
芯に和紙などを使うのも昔のまま。

☎0577-73-4109
㊟飛騨市古川町壱
之町3-12
🕐9:30〜17:00
㊡水曜、ほか臨時休
業あり ㊯JR飛騨
古川駅から徒歩5分
🅿なし

---

## ていねいに作られる味噌煎餅

### Ⓑ 井之廣製菓舖
いのひろせいかほ
MAP 付録P.12 A-1

明治41年(1908)の創業。自家製の
味噌を使った味噌煎餅は飛騨のおみ
やげにぴったり。飛騨の素材をトッ
ピングした多彩な味もうれしい。

☎0577-73-2302
㊟飛騨市古川町弐
之町7-12
🕐8:00〜18:00
㊡日曜
㊯JR飛騨古川駅か
ら徒歩5分
🅿あり

---

## 飛騨の銘酒を守り続ける蔵元

### Ⓒ 渡辺酒造店
わたなべしゅぞうてん
MAP 付録P.12 B-2

創業明治3年(1870)の老舗酒造店。
長年飛騨で愛されてきた銘酒「蓬莱」
の蔵元で、世界の品評会で受賞する
酒を次々に生み出している。

☎0577-73-3311
㊟飛騨市古川町壱
之町7-7
🕐9:00〜16:30
㊡無休
㊯JR飛騨古川駅か
ら徒歩5分
🅿なし

美食の宿／飛騨みやげ

**街歩きのポイント**

美しい石畳を歩き、水と町家のある景色を楽しもう

清流の町ならではのグルメやスイーツを堪能しよう

食品サンプルなどユニークな体験ができる施設に注目

石畳が美しい古き良き町で川のせせらぎを楽しめる

## 水と踊りに彩られた奥美濃の城下町

# 郡上八幡

ぐじょうはちまん

名水の町として知られる郡上八幡は、随所で水の音が聞こえ、そぞろ歩きが楽しい。老若男女が連日連夜踊る郡上おどりは夏の風物詩。

↪ 夜にはライトアップされ、幻想的な雰囲気を演出

### 城下町の面影が残る町で美しい水辺の風景をたどる

　市街地を見渡す山の頂にそびえる郡上八幡城。かつて城下町として発展してきたこの地は、長良川の上流に位置し、「宗祇水」に代表される豊かな名水に寄り添った人々の暮らしと文化が育まれ、多くの観光客を魅了している。ゆったりと町を巡り、時間や季節とともに変化する町の表情を楽しみたい。

### ( 交通information )

鉄道 JR高山駅から特急ひだで約1時間50分、美濃太田駅で乗り換え、長良川鉄道で郡上八幡駅まで約1時間20分、郡上八幡駅からまめバスで約10～15分
バス 高山濃飛バスセンターから濃飛バスなどで郡上八幡ICまで約1時間20分、郡上八幡ICからタクシーで約10分
車 高山中心部から中部縦貫自動車道・東海北陸自動車道経由で78km

## やなか水のこみち

やなかみずのこみち

**MAP** 付録P.12 B-4

### 水の町のポケットパーク

水をテーマに整備された遊歩道は、水路に沿って柳の木々が揺れ、玉石を敷き詰めた小道が風情たっぷり。繁華街の新町通りに接している。

☎ 0575-67-0002(郡上八幡観光協会)
所 郡上市八幡町新町 ✕ 長良川鉄道・郡上八幡駅からまめバスで10～15分、新町下車、徒歩1分

↪ 長良川や吉田川から採取した石の数は、町名にちなみ8万個

# いがわこみち

MAP 付録P.12 B-4

### 住民憩いの清らかな用水路

町内に張りめぐらされた生活用水路のなかで最も大きな規模を誇る。風情ある家屋と木々に囲まれ、アマゴや鮎、大きな鯉が泳いでいる。

☎ 0575-67-0002（郡上八幡観光協会）所 郡上市八幡町島谷 交 長良川鉄道・郡上八幡駅からまめバスで10〜15分、旧庁舎記念館前下車、徒歩1分 ⓐ 寛文年間（1661〜73）に造られた島谷用水に沿っている

△ 全長約100mあり、郡上八幡旧庁舎記念館の横を流れている

## 水にまつわる名所を巡る

清流に恵まれたこの地では、随所に湧水スポットや水路が整備されており、今も住民たちの生活に欠かせないものであることがうかがえる。

▷ 小駄良川のほとりにある湧水・宗祇水。日本名水百選の第1号に選定

▷ 水を階段状に溜め、飲み水、野菜を洗う、食器洗浄の順に使う水舟

## 城下町風情漂う町並み

統一した建築様式の町家群が維持され、往時の趣ある景観をつくり出している。国の重要伝統的建造物群保存地区指定。

川岸にせり出すように建つ3〜4階建ての住居は郡上八幡を象徴する景観

職人町、鍛冶屋町といった町名が残り、往時の人々の暮らしぶりがうかがえる

★ 郡上八幡博覧館 P.97
売店やバスの発着所などが揃っており、観光の拠点として便利

郡上八幡城 P.32/P.96

町の中央を流れる吉田川の新橋は、夏に地元の子どもたちが橋の上から飛び込むことで有名

昭和11年（1936）建築の旧八幡町役場で、国の登録有形文化財。

S 大黒屋 P.96

いがわこみち P.95

郡上八幡旧庁舎記念館 P.96

S 中庄菓子店 P.96

食品サンプル創作館 さんぷる工房

やなか水のこみち P.94

やなか水のこみちを囲むように、齋藤美術館、おもだか家民芸館、心の森ミュージアム遊童館が建つ

S 石山呉服店 P.97

慶長11年（1606）に八幡城主の遠藤慶隆が開いた臨済宗妙心寺派の禅寺。座観式庭園が有名

ⓐ 郡上八幡駅

水と踊りに彩られた奥美濃の城下町

# 郡上八幡城

ぐじょうはちまんじょう

**MAP** 付録P.12 C-3

## 日本最古の木造再建城

標高354mの八幡山山頂に建つ4層5階の山城。戦国末期の砦が起源で、現在の天守は昭和8年(1933)に再建されたもの。モミジの名所としても知られている。

↑見晴台からは郡上八幡の町並みと奥美濃の山々を一望

☎0575-67-1819(郡上八幡産業振興公社) 郡上市八幡町柳町一の平659 ⏰9:00~17:00(季節により変動あり) ❌12月20日~1月10日 💴400円(郡上八幡博覧館共通券は750円) 🚃長良川鉄道・郡上八幡駅からまめバスで10~15分、城下町プラザ下車、徒歩15分 🅿あり

↑朝霧のなかをそびえる姿から、近年は天空の城とも呼ばれる

# 郡上八幡旧庁舎記念館

ぐじょうはちまんきゅうちょうしゃきねんかん

**MAP** 付録P.12 B-4

## 旧町役場の総合観光案内所

昭和11年(1936)建造の木造2階建て洋風建築。地元グルメが味わえる食事処のほか、地元の特産品の売店や観光案内所も併設。

↑新橋のたもとにあり、かつては旧八幡町役場として活躍した。国の登録有形文化財指定

↑肉桂玉など地場産品のおみやげも揃う

☎0575-67-1819(郡上八幡産業振興公社) 郡上市八幡町島谷520-1 ⏰8:30~17:00(郡上おどり期間中は変動あり) ❌無休 💴無料 🚃長良川鉄道・郡上八幡駅からまめバスで10~15分、城下町プラザ下車、徒歩4分 🅿あり(有料)

# 食品サンプル創作館 さんぷる工房

しょくひんサンプルそうさくかん さんぷるこうぼう

**MAP** 付録P.12 B-4

## 食品サンプル作りに挑戦

郡上八幡の地場産業である食品サンプルに親しむことができる体験型店舗。町家を改装した店内にはみやげ用の手ごろな商品も並ぶ。

↑店舗奥を改装し「レトロアート館」としてリニューアルオープン

☎0575-67-1870 郡上市八幡町橋本町956 ⏰10:00~17:00(郡上おどり期間中は延長あり) ❌水曜 💴一部有料施設あり、食品サンプル作り体験は有料(天ぷら3品レタス1個3000円、スイーツタルト2000円、アイスのスマホスタンド1500円、すべて入館料込み) 🚃長良川鉄道・郡上八幡駅からまめバスで10~15分、城下町プラザ下車、徒歩5分 🅿なし

---

良質な天然水の恩恵を受けて生まれた名物を持ち帰りたい。

## 名水仕込みの手作り味噌

# 大黒屋

だいこくや

保存料や着色料を一切使わずに造られる天然醸造の味噌や醤油は、香り高くまろやかな口当たりが特徴だ。

**MAP** 付録P.12 B-4

☎0575-65-2071 郡上市八幡町本町837 ⏰8:30~19:00(冬季~18:00) ❌水曜 🚃長良川鉄道・郡上八幡駅からまめバスで10~15分、城下町プラザ下車、徒歩3分 🅿なし

↑郡上地みそ1kg980円。香り高い国産大粒大豆の豊かな味わい

↖サンボシソース1ℓ970円。10種類の国産素材を使用したこだわりの逸品

## 3代続く老舗和洋菓子店

# 中庄菓子店

なかしょうかしてん

名物の「清流のしずく」は、郡上八幡の名水そのものを表現したような透き通ったフォルム。5~9月の期間限定販売。

**MAP** 付録P.12 B-4

☎0575-65-2433 郡上市八幡町島谷541 ⏰9:30~18:00 ❌水曜 🚃長良川鉄道・郡上八幡駅からまめバスで10~15分、城下町プラザ下車、徒歩5分 🅿なし

↑清流のしずく180円。黒蜜か白蜜をかけていただく天然水ゼリー

# 忘れかけていた、日本の夏がここにある
# 30夜の熱狂

郡上節のお囃子を演奏する屋形を中心に幾重にも輪をつくって踊る。盂蘭盆会の4日間は翌朝まで踊り明かす徹夜おどりが開催され、人々の熱狂はピークに達する

日本三大盆踊りのひとつとして有名な郡上おどりは夏の2カ月間、30夜に30万人以上が集う一大イベント。観光客も地元の人と輪になり参加できる。

## 盆踊りの開催期間は日本最長

### 郡上おどり
ぐじょうおどり

　歴史は400年以上といわれ、江戸時代の初代藩主・遠藤慶隆が、領民融和のため、村々で踊られていた盆踊りを城下に集め、奨励したことで広まり、年を経るごとに発展を遂げた。今も「見る踊り」ではなく「踊る踊り」として、誰でも参加することができる。踊りの種類は10種類。踊る順は、始まりと終わりが遅いテンポの踊りで、体への負担が少ない合理的な配列となっている。

| 開催日時 | 7月中旬 | おどり発祥祭 |
| --- | --- | --- |
| | 8月13～16日 | 盂蘭盆会(徹夜おどり) |
| | 8月19日 | 日吉神社祖霊祭<br>(団体おどりコンクール) |
| | 9月上旬 | おどり納め |

問い合わせ先
☎0575-67-0002
(郡上八幡観光協会)

服装は自由だが、浴衣に着替え、下駄を履けば気分もいっそう盛り上がる

## 郡上おどりの種類

**かわさき**
「郡上の八幡出てゆく時は、雨も降らぬに袖しぼる」の歌詞で知られる代表歌。

**春駒**
馬の一大産地であったことから、手綱さばきの動作が取り入れられている。

**三百**
藩主が疲弊した民に300文ずつ与え、感激した庶民が披露した踊りが起源。

**やっちく**
旅芸人が竹片を鳴らし、門付(かどづけ)してまわった曲が踊りとなった。

**げんげんばらばら**
モチーフは御殿女中の手まり遊び。着物の袂をたぐるしぐさが優雅な踊り。

**猫の子**
ネズミ退治に飼われていた、猫の愛らしい所作が取り入れられている。

**さわぎ**
遊里で流行した騒歌(さわぎうた)が踊りに。男女の情感を唄う。

**郡上甚句**
江戸時代末期に流行した相撲甚句。土俵入りの動作を踊りに取り入れている。

**古調かわさき**
郡上に伝わった伊勢古市の川崎音頭が踊りに。農耕の所作が踊りになった。

**松阪**
最後の踊りと決められており、しみじみとした情感が唄われる。

## 博物館で郡上おどりの魅力を知る

### ▌郡上八幡博覧館
ぐじょうはちまんはくらんかん

郡上八幡の文化や歴史をわかりやすく紹介する郷土ミュージアム。郡上おどりの紹介も人気。(開催日時はHPを要確認)

**MAP** 付録P.12 B-3

☎0575-65-3215　郡上市八幡町殿町50　⏰9:00～16:30　休無休　料入館540円(郡上八幡城共通券は750円)　交長良川鉄道・郡上八幡からまめバスで10～15分、城下町プラザ下車、徒歩4分　Pあり

大正9年(1920)に建てられた、旧税務署を利用

## 浴衣をレンタルする

浴衣は呉服店で借りられる。現地で手配して踊りに参加したい。

### 石山呉服店 いしやまごふくてん

**MAP** 付録P.12 B-4

☎0575-65-3854　郡上市八幡町島谷828　⏰10:00～17:00(郡上おどり期間中は要問い合わせ)　休木曜　料浴衣レンタル3850円　交長良川鉄道・郡上八幡駅からまめバスで10～15分、立町下車、徒歩1分　Pなし　※要予約

30夜の熱狂

97

飛騨川の周辺に温泉自慢の大型旅館が集結している

## ゆあみ屋

ゆあみや

**MAP** 付録P.13 E-2

### 温泉熱を生かしたスイーツ

カフェと足湯コーナーのほか、温泉コスメなどの下呂みやげが揃うショップも併設している。ソフトクリームに温泉卵をのせた温玉ソフト470円も人気だ。

☎0576-25-6040 励下呂市湯之島801-2 営9:30～18:30(変動あり) 足湯は営業時間中 休不定休
交JR下呂駅から徒歩6分 Pなし

◆誰でも営業時間中利用可能な足湯。足湯に浸かりながらカフェメニューが楽しめる

◆店内の桶で湯煎されている名物ほんわかプリン400円

◆温泉水を使った無添加化粧水の下呂温泉みすと200g2440円

## 街歩きのポイント

無料の足湯が点在するので散策の際はタオルを持参しよう

地元の食材を使ったG-スイーツ&G-グルメをチェック

旅館の日帰り温泉をはしごして温泉めぐりを楽しもう

## 日本三名泉の湯の町を歩く

# 下呂温泉

げろおんせん

飛騨川沿いに多くの湯宿が並び、温泉街のあちこちに足湯が点在している。旅館の風呂を日帰りで利用できる湯めぐり手形でも気軽に名湯を楽しめる。

### 美肌の湯として知られ 有馬、草津と並ぶ名温泉郷

開湯は天暦年間(947～957)と伝わる古湯。泉質はアルカリ性単純温泉で、透明なお湯は肌ざわりなめらか。趣向を凝らした湯宿の露天風呂や展望大浴場からは、下呂の豊かな自然が楽しめる。温泉街の歴史や文化にふれ、湯めぐりの合間には地元食材を使ったグルメも堪能したい。

### 交通information

鉄道 JR高山駅から特急ひだで約45分
車 高山中心部から国道41号経由で52km

### 湯めぐり手形で名湯をはしご

1枚1300円で手形加盟施設15軒のうち3軒の風呂に入浴できるお得で便利なパスポート。裏面の3枚のシールをはがして利用する。

◆加盟旅館のほか一部コンビニやみやげ物店で購入可能。有効期限は6カ月

## 下呂発温泉博物館

げろはつおんせんはくぶつかん

**MAP** 付録P.13 D-2

### 温泉資料を展示解説

温泉を科学と文化の両面から紹介する温泉専門博物館。温泉が湧き出す仕組みや泉質などの解説、温泉の発見伝説といった温泉文化の紹介も。

☎0576-25-3400 励下呂市湯之島543-2 営9:00～16:30 休木曜(祝日の場合は翌日) 料400円 交JR下呂駅から徒歩10分 Pあり(1時間以内は無料)

◆江戸中期から末期の温泉番付といった珍しい文化的資料も

## 下呂温泉で買いたい逸品

温泉の効能と合わせて使いたい、温泉地ならではの名品を手みやげに。

### 下呂に伝わる秘伝の貼り薬

## 奥田又右衛門膏本舗

おくだまたえもんこうほんぽ

下呂温泉の接骨医奥田又右衛門に代々伝承されてきた門外不出の貼り薬が市販化され、地元の名産品となっている。

**MAP** 付録P.13 E-4

☎0576-25-2238 励下呂市森28 営9:00～17:00 休不定休 交JR下呂駅から徒歩10分 Pあり

◆檜などの飛騨産天然精油が配合されたなごみシート4枚入り330円

◆天然生薬と美濃和紙を使った貼り薬の下呂膏は3種類ある

↑国の重要有形民俗文化財に指定されている合掌造りの民家

# 下呂温泉合掌村
げろおんせんがっしょうむら

**MAP** 付録P.13 F-2

## 飛騨の昔の暮らしを再現

10棟の合掌造りの住居を白川郷などから移築した野外博物館。民俗資料館や食事処のほか、陶芸、和紙の絵漉きといった体験施設が点在。

↓ろくろや手びねりなどの陶芸体験や陶器絵つけ体験も実施（ろくろ、手びねりは要予約）

☎0576-25-2239　⑯下呂市森2369　⑱8:30〜17:00（入場は〜16:30）　⑭無休　⑭入村料800円　⑳JR下呂駅から濃飛バス・合掌村行きで5分、合掌村下車すぐ　Pあり

冬空を彩る美しい花火

# 冬の下呂温泉花火物語
ふゆのげろおんせんはなびものがたり

1月から3月にかけて、花餅花火、冬の星座花火、お雛様花火といった、その時期に合わせた毎回異なるテーマで演出された花火が盛大に打ち上げられる。

開催日時 1〜3月の土曜20:30から約10分

↑下呂大橋下流の飛騨川河畔で実施されている

日本三名泉の湯の町を歩く

P.103 川上屋花水亭 🅗
↑高山駅

湯之島館 P.103 🅗

下呂温泉初の足湯。中央駐車場の隣にあり、常に賑わう

本堂前の湯薬師如来尊像には霊湯が湧出しており、住民の信仰を集めている

下呂温泉合掌村の前で開催されるいでゆ朝市。地元の特産品が並ぶ

温泉寺卍

下呂発温泉博物館 P.98
阿多野川
●湯のまち雨情公園

噴泉池は飛騨川の河川敷に設けられた目玉スポット。水着着用必須

鷺の足湯
P.104 離れの宿 月のあかり 🅗
ヴィーナスの足湯
雅の足湯
さるぼぼ黄金足湯

41

ゆあみ屋 P.98

いでゆ朝市
下留庵の足湯

下呂温泉合掌村
P.65/P.99

下呂駅から飛騨川に架かる橋を渡った先に温泉街が広がる

噴泉池

下呂大橋

森

こころをなでる静寂 みやこ
P.103

●下呂交流会館
アクティブ

森八幡神社

N
0　　200m

紗々羅 P.104 🅗
◎下呂市役所
卍下呂局
田の神の足湯

つるつるの湯
みのり荘 P.104 🅗

水明館 P.102 🅗

仲佐 P.100 🆁

🅗 大江戸温泉物語
下呂新館

🆁 バーデンバーデン P.101

泰心寺卍

桜町

縄文公園・下呂ふるさと
歴史記念館

## 湯の町で足湯めぐり

湯の町にはいたるところに無料の足湯が点在する。散策の道すがらにふらっと立ち寄って、名泉を気軽に楽しむことができる。

●下呂市民会館

P.98
🆂 奥田又右衛門膏本舗

縄文時代の竪穴式住居が復元されている

↓美濃太田駅

美食家ならば宿を抜け出して町なかで食を試す

# 「絶対美味」は隠れ家にあり

概して温泉街には旅館が多いせいでうまい店はなし、という下呂温泉もまた例外ではないのだろう。
しかし探せば真摯な料理人が、日々精進して見事な腕を極めている。そば店仲佐の主人はその代表格だ。

一生に一度は食べたい
全国でも屈指のそば処

そば

## 仲佐

なかさ

MAP 付録P.13 E-3

飛騨山中にあって全国からそば食いが通う、隠れた名店。奥飛騨や北信州の特別の農家と契約し、在来種の小粒のみを厳選。種播きや刈り入れを店主自ら出かけて行い、機械を一切使わず、玄そばから専用の石臼で挽く。もちろん手打ち。こだわり抜いたそばは香りも味も絶品。

☎0576-25-2261
所 下呂市森918-47 営 11:30〜売り切れ次第閉店 休 水曜(祝日の場合は営業)、不定連休あり
交 JR下呂駅から徒歩15分 P あり

おすすめメニュー
蕎麦三昧 3000円
かけそば 1600円
天ざる 3600円

↑しっとりと落ち着いた店内

↑古風なたたずまいの店は、温泉街から少し離れた、静かな通りに面して建つ

↑主人の中林新一氏。高山市の料亭角正を経て独立し、そば店を開業

↑14時頃には売り切れてしまうざるそば。昆布とカツオのだしにこだわったそばつゆも絶品で、具がまったく入らないかけそばも特筆もの

## 若い夫妻がオープンした温泉街の本格的イタリアン

**イタリア料理**

# クチーナ オルセッティーナ

**MAP** 付録P.4 C-2

町では唯一の正統派イタリアンが、グルメな温泉客の間で好評を博している。地の食材をふんだんに使い、飛騨牛も厳選。料理の味は、夫妻の人柄を反映するように、どれもやさしい。

☎0576-74-1800
⌂下呂市焼石2978-1 ⏰11:30～14:30(最終入店13:30)18:00～21:00(最終入店20:00) ⏸日曜、不定休あり
🚃JR下呂駅から車で18分 🅿4台

| 予約 | 望ましい |
|---|---|
| 予算 | L1300円～ D3850円～ |

↑その日の食材に合わせて調理するため、料理は頻繁に変更。昼は1500円、夜は4500円(税別、前日までの予約)からコースを用意

**おすすめメニュー**

飛騨モモと生ハムの冷製パスタ(8～9月のみ) 2400円
本日の前菜盛り合わせ 1000円

↑白にパステルグリーンの扉や窓が映えるかわいらしい外観

↑アワビと鯛のローストに色鮮やかなパプリカのピュレを添えて。メニューは取材時のもの(左)。 カウンター席とテーブル席を用意(右)

---

## 飛騨牛ステーキが自慢 洋食が食べたいときに

**欧風料理**

# バーデンバーデン

**MAP** 付録P.13 D-3

水明館(P.102)の一角にある欧風レストランで、宿泊しなくても利用できる。レンガ壁が高級店の風格を醸し出す。

☎0576-25-2800
⌂下呂市幸田1268 水明館内
⏰11:00～20:00(LO) ⏸水曜
🚃JR下呂駅から徒歩3分 🅿あり

**おすすめメニュー**

飛騨牛と飛騨キノコのカレー 1760円
飛騨牛ハンバーグステーキ 1980円

↑落ち着きのある重厚なインテリア

↑飛騨牛のグリル(単品)は5500円～

---

## 下呂温泉名物の郷土料理

# 鶏ちゃん専門店 杉の子

けいちゃんせんもんてん すぎのこ

**MAP** 付録P.5 D-2

岐阜県産恵那鶏モモ肉にキャベツを入れて秘伝のたれで焼く。

☎0576-25-7011
⌂下呂市小川1311-1
⏰11:00～15:00(LO14:30)
⏸月曜(臨時休業あり)
🚃JR下呂駅から車で5分 🅿あり

↑締めに入れる焼きそばは絶品

名湯に身をゆだねる癒やしの休日

# 湯の町の贅沢宿に心が和む

客室露天風呂や眺望風呂など個性もしつらえも豊かな名宿が
非日常の空間を演出してくれる。

下呂温泉屈指の規模を誇る
豪華な温泉リゾート空間

## 水明館
すいめいかん

MAP 付録P.13 D-3

JR下呂駅からすぐの飛騨川沿いに建
つ、昭和7年(1932)創業の老舗旅館。
山水閣、飛泉閣、臨川閣のそれぞれに
趣の異なる大浴場を擁する。温泉プー
ルや能舞台、茶室といった多彩な施設
が揃う。

☎0576-25-2800
🏠下呂市幸田1268 🚉JR下呂駅から徒歩3
分(下呂駅から無料送迎あり) 🅿あり
🕑14:00 🕚out 11:00 🛏264室(全室禁煙)
💰1泊2食付1万9800円〜
※立ち寄り湯11:00〜14:00/1500円/年1
日休みあり

1.巨岩に囲まれた野天風呂「龍神の湯」。と
ろみのある下呂の名湯を堪能できる
2.約1万坪の敷地に4つの宿泊棟が並ぶ
3.離れの客室「青嵐荘」では専属料理長が腕
をふるう
4.檜を贅沢に用いた大浴場「下留の湯」
5.国内の厳選した粘土を使う「ねんどパック」
が好評のエステ「サロン ド クレール」
6.窓の外に日本庭園が広がる青嵐荘1階「夕
顔の間」。天然温泉の野天風呂を完備

飛騨川河畔の竹林にたたずむ
数寄屋造りの純和風旅館

# 川上屋花水亭
かわかみやかすいてい

**MAP** 付録P.13 D-1

温泉街の中心地から少し離れたところに建つ閑静な湯宿。約1000坪の広大な敷地にあるわずか14室の客室はどれも季節感と和の風情が感じられる。飛騨の食材を生かした会席料理は、ボリューム、カロリーに配慮したやさしい味わい。

☎0576-25-5500
㊟下呂市湯之島30
㊟JR下呂駅から徒歩20分(下呂駅から無料タクシーあり、13:30～18:00)
㊟あり in14:00 out11:00
㊟14室 予約1泊2食付2万9850円～
※立ち寄り湯 不可

1.開放的で落ち着きのあるロビー 2.11～13品が供される月替わりの献立 3.竹林を抜けると玄関棟が現れる 4.檜の内風呂付きのセミスイートルーム「藤」 5.露天風呂「河原の湯」。四季ごとに刻々と表情を変える飛騨の山並みが美しい

古風な趣漂う名湯の宿

# 湯之島館
ゆのしまかん

**MAP** 付録P.13 E-1

5万坪の庭園にたたずむ昭和6年(1931)創業の老舗。木造3階建ての本館や昭和モダンな洋館の娯楽棟などに創業時の面影を残す。本館客室のほか、別館の温泉露天風呂付き客室など、趣の違う多彩な部屋を用意。飛騨の山々を見晴らす大浴場も魅力。

☎0576-25-4126
㊟下呂市湯之島645
㊟JR下呂駅から徒歩20分(下呂駅から無料送迎あり、13:35～17:25) ㊟あり
in15:00 out11:00 ㊟40室
予約1泊2食付2万9700円～

1.本館客室は国の登録有形文化財に指定 2.飛騨ならではの会席料理を味わう客室 3.別館露天風呂付き客室「紅葉之間」は優雅な現代風数寄屋造り。庭に露天風呂を配置

喧騒とは無縁の静寂な空間
自然と調和した大人の湯宿

# こころをなでる静寂
# みやこ
こころをなでるせいじゃく みやこ

**MAP** 付録P.13 F-2

緑深い自然に囲まれた大人の隠れ家といえる宿。アジアン、民芸といった客室ごとに異なる様式を設け、客室専用風呂、大浴場、貸切露天風呂すべてに下呂の名湯を用意。郷土色豊かな、季節感あふれる会石料理が味わえる美食宿として人気。

☎0576-25-3181
㊟下呂市森2505 ㊟JR下呂駅から徒歩17分(下呂駅から送迎あり、要予約)
㊟あり in15:00 out10:00 ㊟16室
予約1泊2食付2万5300円～
※12歳以下は利用不可

1.開放感あふれ、洗練された雰囲気の庭園露天風呂 2.露天風呂付客室「糸遊(いとう)」は2023年3月にリニューアル 3.見た目も美しく、楽しみながら味わえる会石料理

全室露天風呂付き離れの空間
石造りの湯船で名泉を満喫

# 離れの宿 月のあかり

はなれのやど つきのあかり

**MAP** 付録P.13 E-2

8室すべての客室が離れになっており、和室とベッドのある洋室が組み合わさった和モダンの宿。下呂市内でも珍しい自家源泉を利用した湯は、すべての部屋に完備されている露天風呂、内風呂、足湯で堪能できる。個室対応のエステも好評。

☎0576-24-1005
🏠下呂市湯之島758-15 🚋JR下呂駅から徒歩7分(下呂駅から無料送迎あり、15:00〜18:00) 🅿あり ⏰15:00 ⏰out10:30 🚭8室(全室禁煙) 💰1泊2食付3万8150円〜 ※立ち寄り湯なし

1.露天風呂、内湯、足湯のすべてが天然温泉
2.日常から離れる究極のプライベート空間
3.和室12畳+洋室のスーペリアタイプの離れ
4.広々としたメゾネットタイプの離れ。1階部分に和室とリビング、2階に洋室がある
5.木々に包まれた幻想的な貸切露天風呂。朝は男女別の露天風呂として利用できる
6.飛騨の旬の食材を取り入れた懐石料理

---

下呂の源泉100%
天然温泉を体験するならココ

# つるつるの湯 みのり荘

つるつるのゆ みのりそう

**MAP** 付録P.13 D-3

1泊2食、連泊・湯治プランなどが充実した滞在型の温泉旅館。大浴場では源泉が24時間放流されており、美肌効果のほか疲労回復やリウマチにも効能がある。150年前の飛騨の古民家を移築した食事処は、旬の食材を備長炭で焼き上げる囲炉裏端料理が自慢。

☎0576-25-3038
🏠下呂市幸田1550 🚋JR下呂駅から車で3分(下呂駅から無料送迎あり、要連絡) 🅿あり ⏰15:00 ⏰out10:00 🚭32室(全室喫煙可) 💰1泊2食1万3350円〜
※立ち寄り湯12:00〜15:00/700円/不定休/3階大浴場のみ利用可/要連絡

1.囲炉裏端料理が自慢の食事処「三人百姓」
2.飛騨牛を存分に味わう「飛騨牛三昧会席」
3.純度100%(加水・加温などをしない、源泉かけ流し)天然温泉の大浴場「つるつるの湯」

---

趣向を凝らした客室露天風呂
アンティークに彩られた湯宿

# 紗々羅

ささら

**MAP** 付録P.13 E-3

テーマ性のある客室と露天風呂で人気の宿。洗練された調度品でしつらえられたロビー、古木を使用した古民家風の談話室など、随所にこだわりが光る。飛騨牛をはじめ、令和3年・4年日本一の貴重な米「龍の瞳」などの厳選食材が味わえる。

☎0576-24-1777
🏠下呂市森1412-1 🚋JR下呂駅から徒歩12分(下呂駅から無料送迎あり) 🅿あり ⏰15:00 ⏰out10:30 🚭44室(全室喫煙可) 💰1泊2食付2万7650円〜 ※立ち寄り湯12:00〜14:30/1000円

1.自慢の古民家風客室はオーナー自身が古木を集め、飛騨の宮大工により設計された
2.旬の味覚が満載の飛騨牛会席料理
3.陶器風呂か檜風呂が選べる客室「月の灯り」

高山周辺の街とスポット●下呂温泉

# 白川郷・五箇山

山あいの集落には昔ながらの
暮らしを再現した家屋や、
伝統文化を体験できる
民俗館などもある。

先人の知恵を
受け継ぐ
美しい日本の
原風景

❖ エリアと観光のポイント ❖

# 白川郷・五箇山はこんなところです

1995年、世界遺産に登録された飛越地域の合掌造り集落。
地域の保全活動により美しい独特の景観が保たれている。

## 歴史的景観と自然が調和する
### 白川郷 ➡P.108
しらかわごう

岐阜県の飛騨地方にある白川村荻町
地区。日本有数の豪雪地帯として知ら
れ、冬の厳しい環境に適応した合掌造
りの建物が今なお残されている。現在
も130棟ほどある合掌造りのほとんどが
現役で、民家としてだけでなく、飲食
店や宿泊施設などにも活用されている。

| 観光の ポイント | 荻町合掌造り集落 ▶P.110 和田家 ▶P.112 |
|---|---|

↑夏の白川郷は
鮮やかな緑に囲まれさわやか

## 豊かな自然に囲まれた集落群
### 五箇山 ➡P.122
ごかやま

富山県南砺市に広がる、白川郷ととも
に世界遺産に登録された合掌造り集落
がある地域。菅沼に9棟、相倉に20棟
の合掌造り家屋が現存。『こきりこ』や
『麦屋節』などの民謡や五箇山和紙な
ど独自の文化を育む。

| 観光の ポイント | 菅沼合掌造り集落 ▶P.122 相倉合掌造り集落 ▶P.123 |
|---|---|

↱みやげを探
したり、五箇
山ならではの
グルメも楽し
める

## 四季を楽しむドライブの旅

集落群を巡る前後で立ち寄れるおすすめ
スポット。季節ごとの魅力を味わいなが
ら、厳しい豪雪地帯ならではの自然との
関わりをうかがい知る。

### 荘川桜 ➡P.29
しょうかわざくら

昭和35年(1960)、御母衣ダム建設による水
没から救うため、世界の移植史上例のなかっ
た大移植が行われた2本
の桜。樹齢約500年。

MAP 付録P.2 B-3

↱4月下旬から5月上旬にか
けて咲き誇る2本の荘川桜

白川郷・五箇山●歩く・観る

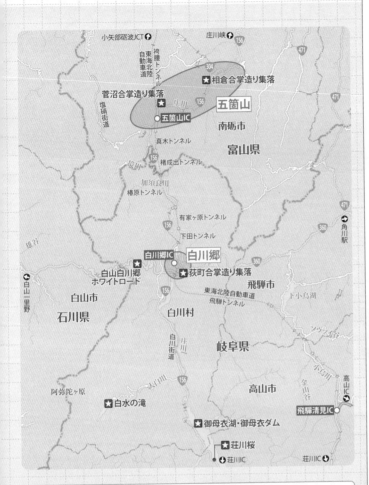

## 交通information

**主要エリア間の交通**

**バス**

| 高山 | 郡上八幡 |
|---|---|
| ◐濃飛バスなどで約50分～1時間10分 | ◐岐阜バスで約1時間40分 |

**白川郷**

◐加越能バスで約40分（※相倉口までは約50分）

**五箇山（菅沼）**

**車**

| 高山 | 郡上八幡IC |
|---|---|
| ◐中部縦貫自動車道経由20km | ◐東海北陸自動車道経由58km |

**飛騨清見IC**

◐東海北陸自動車道経由25km

**白川郷IC**

◐東海北陸自動車道経由15km

**五箇山IC**

### 白川郷・五箇山の移動手段

各集落内へは入口にあたるバス停や駐車場（有料）から歩いて向かう。世界遺産集落を巡りたい場合は、加越能バスが運行する世界遺産バス（1日5本運行）か、高山濃飛バスセンターから乗車できる定期観光バス（P.141）を利用する。

### 問い合わせ先

観光案内
白川郷観光協会　☎05769-6-1013
白川村役場　☎05769-6-1311
五箇山総合案内所　☎0763-66-2468
交通
濃飛バス 高山営業所　☎0577-32-1160
加越能バス乗車券センター
　☎0766-21-0950
岐阜バス高速バス予約センター
　☎058-201-0489
JR東海テレフォンセンター
　☎050-3772-3910

## 御母衣湖・御母衣ダム

みぼろこ・みぼろこだむ

昭和35年（1960）の御母衣ダム完成によりできた人造湖。堤高131mの大規模ロックフィルダム。

**MAP** 付録P.2 B-3

☎05769-6-1311（白川村役場）　⊕白川村福島　⊛⊕見学自由　⊜東海北陸自動車道・白川郷ICから車で20分　ⓅMIBOROダムサイドパーク駐車場（9:00～16:00）※冬季は利用不可

◐展望スポットから美しいダムのフォルムが一望できる

## 白山白川郷ホワイトロード

はくさんしらかわごうホワイトロード

白山手取川世界ジオパークの石川県白山市と世界文化遺産で知られる白川郷の合掌造り集落がある岐阜県白川村を結ぶ全長33.3kmの山岳有料道路。

**MAP** 付録P.2 A-2

☎05769-6-1664（白山林道岐阜管理事務所）076-256-7341（白山林道石川管理事務所）　⊛7:00～18:00 9～11月8:00～17:00　⊛11月中旬～6月上旬（変更あり）　⊕片道利用料：普通車1700円、軽自動車1400円　⊜東海北陸自動車道・白川郷ICから車で10分　Ⓟあり

◐白川郷展望デッキからの眺望は必見

白川郷・五箇山はこんなところです

## 訪れる者を魅了する美しい風景

# 白川郷 しらかわごう

四季折々、季節の彩りに溶け込む合掌造りが美しい。
桜や緑、紅葉、そして雪。のどかな里の季節が、
訪れる人をいつもやさしく迎えてくれる。

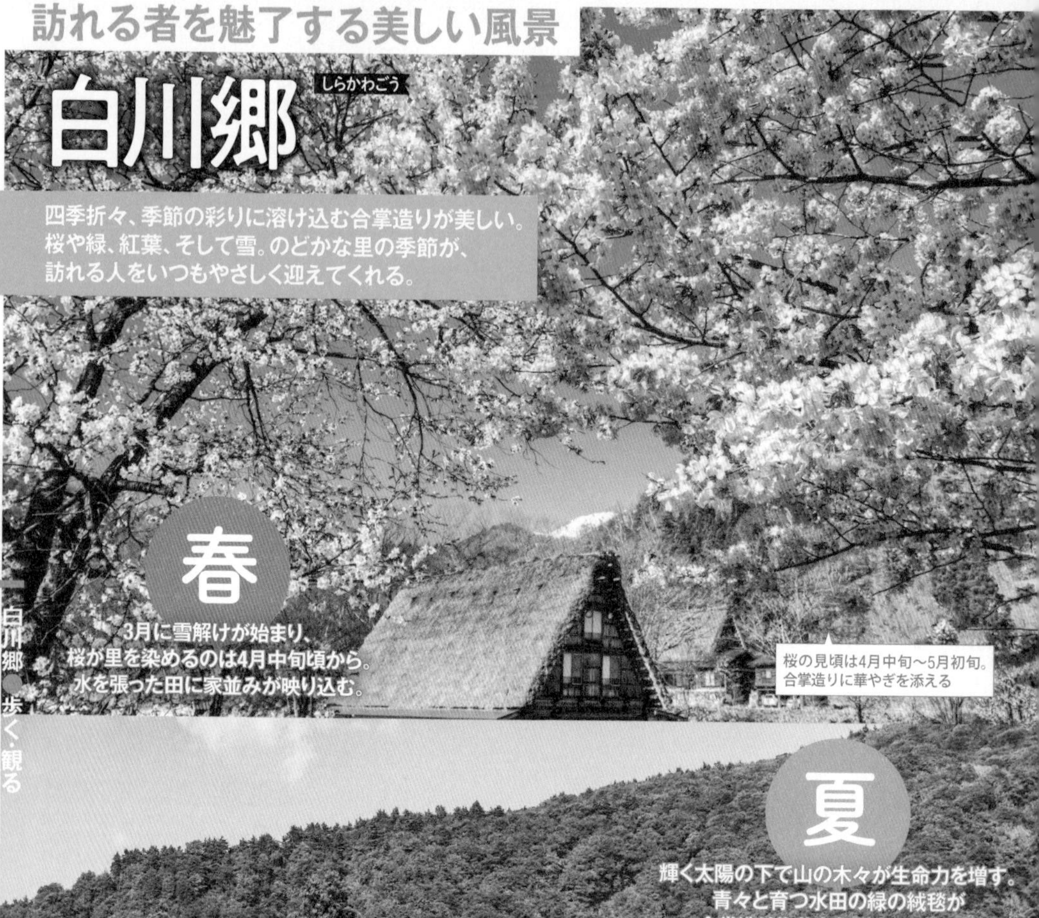

### 春

3月に雪解けが始まり、
桜が里を染めるのは4月中旬頃から。
水を張った田に家並みが映り込む。

桜の見頃は4月中旬～5月初旬。
合掌造りに華やぎを添える

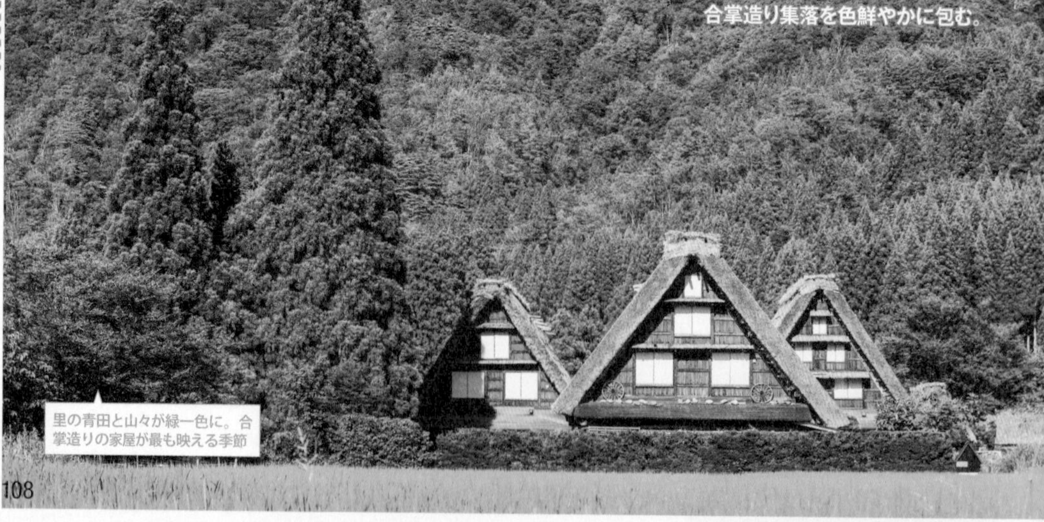

### 夏

輝く太陽の下で山の木々が生命力を増す。
青々と育つ水田の緑の絨毯が
合掌造り集落を色鮮やかに包む。

里の青田と山々が緑一色に。合掌造りの家屋が最も映える季節

10月はどぶろく祭、11月には秋の風物詩の一斉放水が行われる

**秋**

黄金色の稲穂が風に揺れる9月。10月中旬頃、紅葉が山から里へ下り、やがて冬支度が始まる。

訪れる者を魅了する美しい風景

**冬**

集落全体が一面の銀世界に包まれる。雪化粧した合掌造りが、ライトアップで幻想的に浮かび上がる。

降雪は12月下旬～3月上旬頃。豪雪地ならではの銀世界に魅了される

# 世界が注目する、山々に守られた奇跡の山里

## 荻町合掌造り集落

おぎまちがっしょうづくりしゅうらく

世界遺産

庄川に沿って、合掌造り家屋が110棟ほども立ち並ぶ荻町合掌造り集落。1995年、ユネスコの世界文化遺産に登録された。

五穀豊穣を祈願する「どぶろく祭(P.115)」が行われる神社のひとつ。毎年10月16・17日に開催される

白川郷IC

東海北陸自動車道

鳩谷 白川橋
鳩谷八幡神社

### 日本の原風景が広がり村全体がミュージアムのよう

　四方を山に囲まれたのどかな山村、白川郷。冬の豪雪に耐えてきた頑丈な合掌造り家屋は100～350年を経てもなお凛とした姿で建つ。ここは住民の生活の場でもあるので、敷地に立ち入らないなどマナーを守って散策を。

荻町 **MAP** 付録P.15 E-3
☎05769-6-1013(白川郷観光協会) 所白川村荻町 交白川郷バスターミナルからすぐ Pせせらぎ公園駐車場利用(有料)

**街歩きのポイント**

**のどかな日本の原風景を満喫**
掌を合わせたような屋根の形から合掌造りと呼ばれ、おとぎ話のような風景の連続。内部見学ができる家屋もあり、じっくり観察できる。

**山里のグルメを味わう**
合掌造り家屋を利用した飲食店やカフェが点在。堅い豆腐、そば、野菜、川魚、山菜、熊肉など地元食材を使う郷土料理がおすすめ。内部見学ができる家屋もあり、じっくり観賞できる。

**合掌造りの民家に宿泊**
白川郷の民宿は荻町を中心に21軒あり、そのうち合掌造り家屋の民宿が19軒で、囲炉裏のある部屋で郷土料理を味わい、宿主と語るのもいい。

### 本通り ほんどおり

荻町のメインストリート。旧国道だった通りで、今は車の乗り入れは規制中。飲食店やみやげ物店が連なる。

### であい橋 であいばし

せせらぎ公園駐車場と荻町合掌造り集落を結ぶ吊り橋。清らかな庄川の流れと、周囲の山々が見渡せる。

N
0 100m

★白山白川郷ホワイトロード P.107

せせらぎ公園駐車場内にある観光案内所。散策前に観光マップを入手しよう

せせらぎ公園駐車場 P

総合案内所であいの館 i

P.115
野外博物館合掌造り民家園 ★

シャトルバスを活用

### 展望台へはシャトルバスが便利

村内は坂もなく散策はスムーズだが、村全体を見渡せる展望台は高台。和田家近くから展望台往復のシャトルバスが運行されている。
☎05769-5-2341(白山タクシー) 時9:00～15:40(20分間隔で運行) 料片道200円

展望台へ向かう坂道途中にある下ごそ地区。小さな合掌造り家屋が並び絶好の撮影スポット

下ごそ

室町時代に山城があった高台。集落を見下ろすビューポイントで記念撮影を

荻町城跡展望台

**城山天守閣展望台**

飛越峡合掌ライン

360

庄川

荻町橋

荻町

白川郷バスターミナル

H 白川郷の湯

立ち寄り湯ができる温泉宿泊施設。庄川に臨んで露天風呂があり癒やしも倍増。食事処も併設

**R** お食事処 いろり P.116

寺尾臨時駐車場

展望台行きシャトルバス乗り場

和田家

**S** こびき屋 P.119

荻町合掌造り集落内は9〜16時の間、バス・マイカーの観光車両の乗り入れを規制している

こびき屋 柿乃木店 **S**

本通りに沿って西側にある細い道。おおた桜で有名な本覚寺のほか数軒の民宿がある

本通り

西通り

東通り

本通りに沿って1本東側の通り。明善寺や神田家、長瀬家といった見どころと飲食店などが点在

掌之宿孫右エ門 **H** P.121

本覚寺卍 P.34/P.110

P.113 神田家 ★

★ 長瀬家 P.113

P.118 落人 **C**

**荻町合掌造り集落** ★ P.121

**R** 手打ちそば処 乃むら P.117

P.121 一茶 **H**

利兵衛

本堂や鐘楼門、庫裡などすべてが茅葺き屋根の古刹。庫裡は郷土館として民俗資料を展示

**であい橋**

H 幸エ門

P.121 かんじゃ **H**

**C** 文化喫茶 郷愁 P.118

両進入制限あり

卍 明善寺

★ 明善寺郷土館 P.115

**S** 恵びす屋 P.119

みだしま公園臨時駐車場 **P**

ん町

白川郷の観光ポスターにも使われる合掌造り家屋の代表的スポットがあるエリア。6月中旬はこんな景色

白川八幡神社

毎年10月14・15日に「どぶろく祭(P.115)」が行われる神社。境内ではどぶろくの振る舞いがある

**H** 十右エ門 P.121

荻町合掌造り集落

**城山天守閣展望台** しろやまてんしゅかくてんぼうだい

2つある展望台のひとつで、食事処天守閣が一般に開放しているスポット。集落を見下ろす絶好のロケーション。

**和田家** わだけ ➡ **P.112**

江戸時代から続く由緒ある合掌家屋で、国の重要文化財。1・2階は見学ができ、内部構造がよくわかる。

111

# 建物の特徴を解説します

# 合掌造りの構造を見る

環境にあった快適な暮らしをするための工夫が盛りだくさん！合掌造りの巧みな構造を詳しく見てみよう。

⤴木造で茅葺きという火災に弱い建物のため、11月上旬には一斉放水訓練を実施している

## 豪雪地帯の暮らしに合った先人の知恵が凝縮する建物

合掌造りの建物は茅葺き屋根で、雪が滑り落ちるようにかなり急勾配。その形が手を合わせて合掌しているようであるため名付けられた。起源は江戸時代中期といわれ、1階は住まい、2～4層は養蚕の作業場として利用。そのため風通しがよく、障子窓から明かりを採り入れる工夫もされている。柱や梁を組む際は釘を一切使わず、荒縄などで縛る方式。ドイツの建築学者ブルーノ・タウトが昭和10年（1935）に訪れ、著書『日本美の再発見』で「合掌造り家屋は、建築学上合理的であり、かつ論理的である」と評価し広く世界に紹介した。常に建物を乾燥させるため、すべての建物を風の吹く方向に向けた先人の知恵も見逃せない。

## 江戸時代中期に建てられた格式高い合掌造り建築

# 和田家
### わだけ

江戸時代に名主や番所役人を務めた旧家で、明治期には白川村の初代村長にも選ばれている。建物は江戸時代中期の建築とみられ、国指定重要文化財。白川郷では最大規模を誇り、太い梁や柱、式台付きの玄関など豪壮な造りを見ることができる。

荻町 **MAP** 付録P.15 F-2

☎05769-6-1058　🏠白川村荻町997　🕘9:00～17:00　⏰不定休　💴400円　🚌白川郷バスターミナルから徒歩3分　🅿なし

注目ポイント

**民俗道具の展示**
かつて養蚕の作業場だった2階には、昔使われていた養蚕の道具や生活用具、農具などを展示している。

## アマ

屋根裏のことで2～3層に分かれた養蚕の作業場。南北の両側に窓があり風通しが良く、スノコの床や天井で煙や暖気も届く仕掛け。

## チョウダ

オエから行くと敷居が一段高くしてある部屋で、家の主人夫婦の寝室。使用人の女性たちが使う部屋の場合もある。見学は不可。

## オクノデイ

書院造りの格式ある奥座敷で、江戸時代は役人などの賓客を迎える寝室としても使用。

## デイ

客人をもてなす10畳の広い座敷で、冠婚葬祭にも使用。戸を開ければ庭の緑が見える。

## 式台
### しきだい

家主と公式の客のみが使用できる式台付きの玄関。式台は履物を脱ぐ際に腰掛けるもの。

**注目ポイント**
**小屋組**
釘などの金属類は使わず、荒縄とマンサクの木の皮で結束。遊びをもたせ、強風や雪の重みに耐える工夫だ。

### 屋根
やね
雪が滑り落ちるよう屋根の傾斜は50〜60度。豪雪でもつぶされず雪下ろし作業も軽減できる。

### ウシノキ
囲炉裏の上部にある梁。これは大黒柱も支える大切な木で、その大きさが家屋の規模を表す。

### オエ
囲炉裏を備えた居間は板敷。ここで食事もとり、家族や使用人など大人数が座れるように広くなっている。

**注目ポイント**
**囲炉裏**
1階にある囲炉裏。煙は殺虫効果、ススは木を頑丈にする役割があり、かつては一年中火を焚いていた。

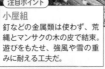

### 大戸口
おおとぐち
民家の普段の出入口で、家人や使用人、近隣の人、商人などはここから出入りする。

間取り図: 囲炉裏 / チョウダ / オエ / チョウダ / チョウダ / オクノデイ / ブツマ / エンノマ / ドウジ / デイ / ゲンカン / 大戸口 / 式台

### ブツマ（ナイジン）
デイの隣にある仏壇が置かれた仏間。白川郷は浄土真宗の信仰が篤く、立派な仏壇がある。

### エンノマ
オエとブツマの間にある部屋は接客の間。現在は、合掌家屋の資料やビデオを見るコーナー。

### 合掌造りはここでも見学できる

## 神田家
かんだけ
およそ200年前に和田家から分家。江戸時代後期に、宮大工が10年をかけて造った家屋が見事。

荻町 **MAP** 付録P.15 F-3
☎05769-6-1072　🏠白川村荻町796
🕐10:00〜16:00（時間外は要連絡）　休水曜（祝日は営業）　💰400円　🚌白川郷バスターミナルから徒歩8分　Pなし

↑完成度が高い神田家の建物。屋根裏は5層になっている

## 長瀬家
ながせけ
5層建ての豪壮な合掌家屋。1階には500年前の仏壇があり、美術品や生活用具も展示。

荻町 **MAP** 付録P.15 F-3
☎05769-6-1047　🏠白川村荻町823-2　🕐9:00〜17:00
休不定休　💰400円　🚌白川郷バスターミナルから徒歩5分　Pなし

↑長瀬家の初代〜3代目が漢方医をしていたため、薬箱や秤も展示している

合掌造りの構造を見る

113

住民の暮らしを支えた合掌造り家屋や独自の風習

# 白川郷の歩み、豊かな伝統を知る

今でこそ気軽に観光が楽しめる白川郷だが、山あいの豪雪地での昔の暮らしはけっして楽ではなかった。人々が快適に過ごすための知恵から生まれた、住居の特徴や風習を探ってみたい。

## 合掌造り集落の歩みとその暮らし

白川郷に合掌造り家屋が生まれたのは、江戸時代の中頃とされている。当時の白川郷では、養蚕と火薬の原料である塩硝の生産が、人々の主な収入源だった。塩硝は家の床下で作られるため、床下の広い家ほど高い収入を得られた。蚕は日差しと風通しの良い場所を好むため、窓の付いた広い屋根裏が養蚕に利用された。広い床面積と何層もの屋根裏を持つ白川郷の合掌造りは、こうした暮らしの必要性から生まれたものだ。江戸後期から明治期に多くが建てられ、やがて合掌造り集落が自然風景に溶け込んでいった。

合掌造り家屋の中心となる部屋は、「オエ」と呼ばれる居間だ。中央の囲炉裏で煮炊きをして食事をとり、寒い時期には暖をとる、一家団らんの場所だ。晩秋になると、長い冬を乗り切るための冬支度が家々で行われる。住居の周りに雪囲いの「おだれ」がめぐらされ、かつて、冬の保存食だった赤かぶ漬けの準備が始まる。水路での赤かぶ洗いは今も変わらない風景だ。やがて、外が一面雪に覆われる冬を迎えると、囲炉裏の周りは、わら細工などをする貴重な冬仕事の場となった。

⬆囲炉裏は暖をとるだけでなく、煙が殺虫や防腐の効果もあった
写真提供：岐阜県白川村役場

## 集落の生活を支え合う「結」の精神

白川郷では30〜40年に一度、合掌造りの茅葺き屋根の葺き替え作業を行う。屋根は大きく、多くの人手が必要なため、住民が協力し合って作業を行ってきた。無償でお互いの家々を助け合う制度は「結」と呼ばれる。結で行われるのは、田植えや稲刈り、冠婚葬祭など暮らしの多岐にわたる。生活様式が多様化し、合掌造りが減った今も、住民同士の絆をつなぐ結の精神は形を変えて受け継がれている。荻町では、今も共同で葺き替え作業を行う。

⬆5月下旬の田植え祭り。結で助け合った頃の昔の田植え風景が蘇る
写真提供：岐阜県白川村役場

⬆大きな屋根になると100〜200人が屋根に上って葺き替え作業を行う
写真提供：岐阜県白川村役場

## 怪力相撲力士・白真弓肥太右衛門

文政12年(1829)頃、白川郷の木谷集落で生まれた白真弓は、並外れた体格と怪力で知られ相撲部屋に入門。身長約2m、体重約150kgの大型力士として活躍した。得意の「突の手」はあまりにも強かったため、この手を使うのを禁じられたほどだった。安政元年(1854)にペリー提督が来航した折には、米艦に米俵を運ぶ任に就き、背に4俵、胸に2俵、両手に1俵ずつ、計8俵(約600kg)を一度に運んでアメリカ人を驚かせたと伝えられている。

## 報恩講(ホンコ様)

浄土真宗の信仰が篤い白川郷では、開祖の親鸞聖人を偲び、恩に感謝する宗教行事の報恩講が、寺院や家々で12月頃に行われる。地元ではホンコ様と呼ばれ、住職の読経や法話のあと、客に精進料理が振る舞われる。本格的な冬を前に知人や親類が集まり、親睦を深める場にもなっている。

⬆精進料理のお斎(とき)が並ぶ

↑重要文化財の旧中野義盛家。内部で離村集落の写真を展示する

# 美しい景観を守るための保存活動

　白川郷の暮らしを支えた合掌造りも、明治以降の暮らしぶりの変化や戦後のダム建設による集落の水没などで徐々に減少していく。大正末期に約300棟あった合掌造りは、昭和36年(1961)に190棟まで数を減らした。合掌造り存亡の危機に荻町集落の住民が立ち上がり、保存運動が昭和40年代から始まった。地域の資源を「売らない」「貸さない」「壊さない」の3原則のもと、白川郷荻町集落の自然環境を守る会を発足。その努力が実り、昭和51年(1976)には国の重要伝統的建造物群保存地区に選定され、1995年の世界遺産登録につながった。今も景観を守る努力が続けられている。

# 白川郷の暮らしを知る
建物や資料、体験から昔ながらの生活をのぞく。

## 野外博物館 合掌造り民家園
やがいはくぶつかん がっしょうづくりみんかえん
荻町 MAP 付録P.15 E-4

村内各地から移築などした25棟の合掌造り家屋を保存し、一部を公開。村の写真や民具を展示するほか、わら細工やそば打ちなどの体験もできる(要予約)。

↑合掌造りの生活ぶりを紹介

☎05769-6-1231 ㊰白川村荻町2499
㋖8:40〜17:00(入園は〜16:40) 12〜2月9:00〜16:00(入園は〜15:40)
㋡12〜3月木曜(祝日の場合は前日休) ㋓大人600円、小・中・高校生400円 ㋬白川郷バスターミナルから徒歩15分 ㋟なし

## 明善寺郷土館
みょうぜんじきょうどかん
荻町 MAP 付録P.15 F-3

江戸中期創建の浄土真宗寺院。本堂や庫裏、鐘楼門は江戸末期築の合掌造り。庫裏の内部で、民具などの昔の暮らしぶりを伝える民俗資料を展示する。

↑合掌造りの建物がこれだけ揃っている寺院は国内でも珍しい
写真提供:岐阜県白川村役場

☎05769-6-1009 ㊰白川村荻町679 ㋖9:00〜17:00 12〜3月9:30〜16:30
㋡不定休 ㋓400円 ㋬白川郷バスターミナルから徒歩10分 ㋟なし

今も残る豊かな伝統にふれる

## 豪雪地に春を呼ぶ「こがい祭り」と春駒(はるこま)

　さまざまな伝統芸能が生まれ、今日に継承されている。春駒はもともと2月の初午の日に豊蚕を願うこがい(蚕飼)祭りで披露された伝統の踊り。今では正月や婚礼などの祝事にも披露される。元日には、七福神や舞妓のカラフルな衣装をまとった踊り子と囃子方が雪のなか、春駒を歌い踊りながら集落の家々をまわる様子が見られる。

↑七福神たちがさまざまな踊りを披露。見学者を楽しませてくれる
写真提供:岐阜県白川村役場

## 「どぶろく祭」で秋の恵みに感謝

　稲刈りを終えた頃、白川郷の各集落の神社でどぶろく祭が盛大に催される。秋の恵みに感謝して来年の五穀豊穣や家内安全を願って、山の神様にどぶろくが奉納される。各神社の酒蔵では、真冬の1月下旬、伝統製法によりどぶろくが仕込まれる。祭り当日には、獅子舞を奉納し、御輿の行列が町内を練り歩く。神社でどぶろくを神様に奉納後、参拝者にも振る舞われる。どぶろくの香り漂う境内では、民謡などの伝統芸能が披露され、夜更けまで賑わいが続く。

↑御輿が町内を練り歩く御神幸。五色の幟(のぼり)とともに合掌造り集落を進む
写真提供:岐阜県白川村役場

↑どぶろくを神様に供え、秋の収穫への感謝が捧げられる
写真提供:岐阜県白川村役場

地元の産物をありがたくいただく郷土料理

# 滋味あふれる山里グルメ

四方を山に囲まれ、他地域とも隔絶された白川郷には独特の風土に根付いた
食文化が発達。素朴でありながら、味をしっかり蓄えた自然料理を堪能したい。

いろり定食 2840円
骨までやわらかく煮たニジ
マスの甘露煮、堅い豆腐、
山菜、そばなどが付く。豆
腐料理は夏季は冷奴、その
他の季節は湯豆腐になる

## お食事処 いろり
おしょくじどころ いろり

荻町 MAP 付録P.15 F-2

白川郷の代表的な名物食材
堅い豆腐をさまざまにアレンジ

築150年の古民家で囲炉裏のある食
事処。大豆のコクがたっぷりの堅い
豆腐や山菜など、地元食材にこだわ
った郷土料理が自慢。焼き豆腐定食
1580円などの定食のほか、うどんや
そばなど麺類も。

☎05769-6-1737
🏠白川村荻町374-1 🕙10:00〜14:00(LO)
🚫不定休 🚌白川郷バスターミナルから徒
歩2分 🅿あり

予約 可
予算 L 540円〜

↑朴葉みそ定食1520円。堅い豆腐と地元の味噌、ネギを朴葉にのせて焼く。
香ばしい味わいがたまらない

↑囲炉裏席と座敷、テーブル
席がある店内は禁煙。席数が
多いので、団体バス客の利用
も多い

↓風格ある合掌造り家屋で、
玄関にあるタヌキの置物が目
印。左隣にみやげ物店を併設

## ます園 文助
ますえん ぶんすけ

荻町 **MAP** 付録P.15 F-1

| 予約 | 要 |
|---|---|
| | ※11:00〜15:00は可 |
| 予算 | ⓁⒹ1320円〜 |

### イワナ、ニジマス、アマゴ
### おいしく育てた川魚をいただく

下ごそ地区にある食事処。湧水を利用
して敷地内で川魚の養殖を手がけてい
る。注文を受けてから水揚げしてさばく
ため、新鮮でクセのない料理が味わえ
る。山菜盛り合わせとにじます甘露煮な
どが付く山菜定食も好評。

☎05769-6-1268
🏠白川村荻町1915 🕐9:00〜20:00(LO)
※11:00〜15:00以外は要予約 🚫不定休
🚃白川郷バスターミナルから徒歩10分 🅿あり

**いわな定食 1760円**
いわなの塩焼きと、にじます甘露
煮、山菜小鉢が付く人気の定食。
身がホクホクのいわなの塩焼き
660円は単品でも注文できる

←座敷から生け簀や山の景色、合掌家屋などが
見渡せ、癒やしの風景を見ながら食事ができる

←趣のある合掌家屋。敷
地内にいくつもの生け簀
があり、湧水を引き込み
養殖している(左)。にじ
ますの刺身660円。美しい
濃いオレンジ色の刺身は、
身がしっかりして甘みも
ある(右)

## 手打ちそば処 乃むら
てうちそばどころ のむら

荻町 **MAP** 付録P.15 F-3

### 地元産のそば粉を使い
### ていねいに手打ちする

新鮮なそばを提供したいと、その日の
分だけ手打ちするそば専門店。メニュ
ーはもり、かけ、おろし、とろろの4つ
で、温と冷が選べる。大盛りは400円増
しで、たきこみご飯のセットもある。

☎05769-6-1508
🏠白川村荻町779 🕐11:00〜15:00(そばがな
くなり次第終了) 🚫不定休 🚃白川郷バス
ターミナルから徒歩5分 🅿なし
←カウンター13席のみ。主人がリズムよく作業
する姿が見える

**もりそば 950円**
地元産そば粉と白山山系の清水
を使った二八そばは、そばの風味
が豊か。カツオ節のだしがメイン
のコクのあるつゆともよく合う

| 予約 | 不可 |
|---|---|
| 予算 | Ⓛ950円〜 |

滋味あふれる山里グルメ

# 合掌造り家屋に流れる安らかな時間に浸る

# 趣のあるカフェ

天然水で淹れたコーヒーを片手に合掌造り家屋で過ごす憩いのひととき。
窓の外の田園には、古き良き日本の姿が浮かぶ。

## 囲炉裏でことこと炊いた
## 手作りぜんざいが名物

### 落人
おちうど

荻町 **MAP** 付録P.15 F-3

半地下の珍しい合掌造り家屋を利用した喫茶。囲炉裏にある鍋から各自がよそって食べるぜんざいが名物で、おかわりも自由。白川郷の湧水で淹れるコーヒーやカレーランチ1600円も好評。

☎090-5458-0418
所白川村荻町792
営11:00～16:00　休不定休
交白川郷バスターミナルから徒歩10分　Pなし

1.囲炉裏席、テーブル席、小上がり席がある店内
2.散策途中にひと休みしたい風情たっぷりの喫茶
3.店主自慢のコーヒーカップが240個以上。お好みが選べる
4.注文を受けてからドリップで淹れるコーヒーは600円
5.囲炉裏で炊くぜんざい800円。季節により温と冷がある

## 店内から見える、郷愁誘う
## ドラマチックな景色が自慢

### 文化喫茶 郷愁
ぶんかきっさきょうしゅう

荻町 **MAP** 付録P.15 E-3

100年以上経った合掌造り家屋を改装した喫茶で、利用は大人限定。大きくとった窓からは、田園風景や目の前の合掌家屋、明善寺が眺められ、BGMはクラシック。ゆったりとくつろげる。

☎05769-6-1912
所白川村荻町107
営10:00～15:00（LO、変動あり）
休月・金曜（祝日の場合は営業）、不定休あり　交白川郷バスターミナルから徒歩8分　Pなし

1.合掌造り家屋の玄関口にロダンの考える人の像が立つ
2.メニューはコーヒーなど
3.集落内の田んぼや茅葺き屋根の明善寺が見渡せる店内

→広い店舗でゆっくりと商品を選びたい

## 恵びす屋
えびすや

荻町 MAP 付録P.15 E-3

### どぶろくにちなんだ名物が並ぶ

本通りにあるみやげ物店で、どぶろく祭りに使われるどぶろく酒風味の菓子がおすすめ。どぶろく羊羹やどぶろく煎餅、どぶろくまんじゅうなどがみやげに最適。

☎05769-6-1250 所白川村荻町89-2
営9:30～16:30(季節により変動あり)
休不定休 交白川郷バスターミナルから徒歩8分 Pなし

### 白川郷にごり酒
700円(1本300mℓ)
どぶろく祭りに振る舞われるどぶろく酒のようなにごり酒で、恵びす屋オリジナル

### 合掌造りの置物 1980円
合掌造り家屋をかたどった民芸品。温度計が付いているので部屋に飾って楽しみたい

### どぶろく煎餅
550円(16枚入り)
どぶろくの風味を効かせた小判型の煎餅で、ほのかにどぶろくの香りがする

# 山里の名品をお持ち帰り

素朴な風合いの雑貨や白川郷の歴史が育んだどぶろくを使った食品など、心が和む品々。定番のみやげには、親しまれる理由がある。

**風土を感じる品から心温まる民芸品まで**

↑和田家のそばにある合掌造り建物を店舗に利用

## こびき屋
こびきや

荻町 MAP 付録P.15 F-2

### 地元みやげを揃えるショップ

合掌造り家屋のみやげ物店で、民芸品や銘菓、漬物、地酒などの定番みやげが所狭しと並ぶ。近くには豆菓子と漬物の専門店、こびき屋 柿乃木店がある。

☎05769-6-1261 所白川村荻町286
営9:00～17:00(季節により変動あり)
休不定休 交白川郷バスターミナルから徒歩3分 Pなし

### どぶろく羊羹ミニ
170円(1個)
地元銘菓が50年も作り続けているどぶろく風味のロングセラー銘菓。アルコール分はゼロ

### 乾燥きくらげ 540円(1袋)
白川郷きくらげ組合生産の乾燥きくらげ。菌床栽培の良質品で、戻すとプリプリ

### ちりめんさるぼぼ
940円(1体)
こびき屋オリジナルのさるぼぼ。ちりめん生地を使い、紫や黄色など色合いもカラフル

美しい自然のなかに建ち、昔の暮らしの面影を今に伝える白山荘のたたずまい

人々とのつながりを感じる小さな村で過ごす静かな夜

# ぬくもりが伝わる合掌造りの宿

集落を見学するだけではなく、合掌造りの宿に泊まって、村での生活を体験してみるのもおすすめ。
建物の雰囲気や地元の幸をふんだんに使った料理を思う存分満喫したい。

大自然に囲まれた
合掌造りの温泉宿

## 白山荘
はくさんそう

平瀬温泉 **MAP** 付録P.2A-3

白川村の南部に位置する平瀬温泉で唯一の合掌造り
の温泉宿で、温泉は檜風呂や岩風呂がある。自家製
味噌、山椒醤油、自家栽培の野菜の料理が味わえる
ほか、別注で天然の岩魚を使った香ばしいお酒も楽
しめる。

☎05769-5-2114
🏠白川村平瀬87 🚌平瀬温泉バス停から徒歩10分（送迎なし）／東海北陸自動車道・白川郷ICから車で20分 🅿あり
🕐16:00～18:00 out 9:30（12～3月は10:00） 🛏3室（全室禁煙） 💰1泊2食付1万1150円～（10～4月は別途暖房費）
※立ち寄り湯 11:00～14:30／500円／要予約

↑客室は1階のみで全3室。懐かしさが漂い、のんびり過ごせる

↑山菜や川魚を中心に、自家製の味噌や野菜をたっぷり味わえる

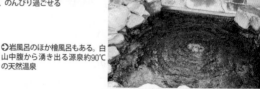

↑岩風呂のほか檜風呂もある。白山中腹から湧き出る源泉約90℃の天然温泉

## 郷土の味と
## 三味線に心温まる

# 十右工門
じゅうえもん

荻町 **MAP** 付録P.15E-4

築約300年という歴史を感じさせる合掌民宿。夕食は囲炉裏端で、三味線の音色とともに飛騨牛の陶板焼など地元食材を使った田舎料理が味わえて、合掌造り集落の雰囲気に浸れる。

☎05769-6-1053
所白川村荻町2653 交白川郷バスターミナルから徒歩15分（送迎なし）Ｐあり in15:00 out10:00 室3室（全室禁煙）予算1泊2食付1万5000円〜（冬季は別途暖房費500円）

↑集落の中心から少し離れた場所にある静かなたたずまい

↖家庭的な雰囲気が漂い、のんびりくつろげる客室

↑山菜、マスの甘露煮など味わい深い郷土料理が並ぶ

---

## 丹精込めた手作り料理が
## 自慢の温かな宿

# 一茶
いっちゃ

荻町 **MAP** 付録P.15E-3

築200年以上の合掌造りの家屋を利用したこぢんまりとした宿。飛騨牛や山菜、川魚を使った素朴な味わいの田舎料理が評判。屋根裏に農具の展示コーナーもある。

☎05769-6-1422
所白川村荻町425 交白川郷バスターミナルから徒歩10分（送迎なし）Ｐあり in14:00 out10:00 室4室（全室禁煙）予算1泊2食付1万3000円〜（10〜4月は別途暖房費700円）

↑食事処にある囲炉裏に田舎風情が感じられる

↑夕食では飛騨牛の陶板焼や山菜料理が味わえる

---

## 高台に建つ
## 素朴なもてなし宿

# かんじゃ

荻町 **MAP** 付録P.15F-3

見晴らしの良い高台に建つ宿。自家製米と、山菜や川魚など素朴な食事が人気。檜のお風呂は部屋単位で利用できる。

☎05769-6-1457
所白川村荻町689 交白川郷バスターミナルから徒歩8分（送迎なし）Ｐあり in14:00 out9:00 室4室（全室禁煙）予算1泊2食付1万8500円〜（冬季暖房費別途）

↑明善寺の近くにあり、四季折々の景観が楽しめる

↑部屋には床暖房を完備しているので、冬でも快適に過ごせる

---

## 庄川のせせらぎと
## すがすがしい緑に癒される

# 合掌乃宿孫右工門
がっしょうのやどまごえもん

荻町 **MAP** 付録P.15E-3

庄川沿いに建つ約200年の歴史を誇り、広間に大きな囲炉裏がある宿。飛騨牛、焼きたての川魚や朴葉味噌など、料理が評判だ。西通りと庄川に面した客室がある。木のお風呂も好評。

☎なし
所白川村荻町360 交白川郷バスターミナルから徒歩7分 Ｐあり in15:00 out10:00 室3室（全室禁煙）※1日3組限定 予算1泊2食付2万4200円〜 https://yado-magoemon.com/

↑庄川に面した静かで素朴な田舎家

---

### 合掌造りの宿に泊まるときの心得

●部屋では静かに過ごす
民宿なので隣の部屋とは襖や板戸で仕切られている場合が多い。特に夜間などは話し声などに注意し、早寝を心がけたい。

●食事はみんなで一緒に
食事は朝夕とも広間でほかの宿泊客と一緒にとることが多い。どこも18時頃が夕食の時間なので到着が遅れそうな場合は連絡を。

●風呂やトイレはきれいに使う
トイレや風呂、洗面所は基本的に共同利用になる。次の人が気持ちよく使えるように、きれいに利用する心がけよう。

●アメニティは事前に確認
アメニティは豊富とはいえない。宿によっては浴衣や歯ブラシなどが用意されていないこともあるので、事前に確認を。

## もうひとつの世界遺産の里へ

# 五箇山 ごかやま

五箇山地域には菅沼と相倉の2つの世界遺産集落がある。
険しい山々に囲まれた小さな集落には
独自の文化が息づき、日本の原風景が広がる。

↑夜間ライトアップ。雪景色は特に幻想的な雰囲気に包まれる

## 菅沼合掌造り集落 【世界遺産】

すがぬまがっしょうづくりしゅうらく
菅沼 **MAP** 付録P.14 B-1

**豪雪地帯の厳しい自然と生きる
昔の姿を今に伝える山村集落**

1995年に白川郷とともに世界文化遺
産に登録。庄川の谷あいにあるわずか
な平坦地に9棟の合掌造り家屋が建
つ。最も古いものは江戸時代末期に建
てられている。一周約15分で集落内
を巡ることができる。

↑のどかな山村風景は、桜や紅葉、雪景色
と季節ごとに美しい景観を見せてくれる

所富山県南砺市菅沼
交菅沼バス停からすぐ／東海北陸自動車
道・五箇山ICから車で1分 **P**あり(有料)

### 加賀藩の影響を受けた五箇山

　五箇山地域は庄川によって隔てら
れ、山深く閉ざされた土地だったこと
から、かつては加賀藩の流刑地とされ
た。藩政時代から明治維新までの間に
およそ150人の罪人が送られたとい
う。一方では鉄砲火薬の原料である塩
硝が秘密裏に製造されていた歴史も
持つ。この塩硝作りは加賀藩による
300年以上続いた直轄事業で、五箇
山地域の一大産業であった。

↑罪人が入れら
れた小屋を復元
した1坪ほどの
流刑小屋。入口
の小さな窓から
食料を与えた

↑塩硝作りの材
料採取から出荷
までを、人形や
影絵などを使っ
て再現している
塩硝の館

### 民俗館で暮らしを学ぶ

かつて主産業だった塩硝、養蚕の製造用
具約200点を展示する五箇山民俗館のほ
か、相倉民俗館では昔の村人が使用した
民具を見ることができる。

流刑地であった五箇
山では架橋が禁じられ
ていたため、対岸に渡る
ために使われていた

P.122
**菅沼合掌造り集落**
└ 五箇山民俗館
└ 塩硝の館
**C** 茶房 掌 P.124

東海北陸自動車道
袴腰トンネル

菅沼 156
籠の渡し
くろば温泉

**五箇山IC**

**R** 五箇山 旬菜工房 いわな P.124
岩瀬家 ● 上平
ささら館前 ●

↓白川郷IC

↑集落内はゆっくり歩いてまわっても30分ほど。合掌造りの民宿や食事処、みやげ物店もある

# 相倉合掌造り集落
あいのくらがっしょうづくりしゅうらく
**世界遺産**

相倉 **MAP** 付録P.14 B-1

### 先人の知恵が生きる合掌造りと美しい山里の風景に心打たれる

菅沼合掌造り集落とともに世界文化遺産に登録。庄川の河岸段丘上の傾斜地に20棟の合掌造り家屋が現存している。大半が江戸時代後期～明治初期に建てられたもので、今も人々の暮らしが静かに営まれている。

所 富山県南砺市相倉
交 相倉口バス停から徒歩5分／東海北陸自動車道・五箇山ICから車で15分 P あり(有料)

# 村上家
むらかみけ
上梨 **MAP** 付録P.14 B-1

### 黒く光る柱が歴史を物語る五箇山を代表する合掌造り家屋

寛文10年(1670)頃に建てられた貴重な歴史的建築物。囲炉裏端では当主による解説も聞くことができる。2階には民俗資料約1000点を展示。こきりこ唄のひとり舞鑑賞も開催(有料、予約制)。

☎ 0763-66-2711
時 9:00～16:00 休 火・水曜(祝日の場合は開館)
※冬季休業12月15日～2月末日 料 400円
交 上梨バス停からすぐ／東海北陸自動車道・五箇山ICから車で8分 P 共用駐車場利用

↑昭和33年(1958)に国の重要文化財に指定

**合掌造りの宿に泊まる**

↑宿の2階では茅葺き屋根の裏側を見学することができる

## 合掌のお宿 庄七
がっしょうのおやどしょうしち

築200年を超える合掌造りの宿。夕食は囲炉裏を配した20畳もの和室でいただくことができる。五箇山豆腐やイワナの塩焼き、おかみ手製の漬物など、素朴な山里料理が魅力。

相倉 **MAP** 付録P.14 B-1

☎ 0763-66-2206
所 富山県南砺市相倉421 交 相倉口バス停から徒歩5分(JR城端駅から送迎あり、要相談) in 15:00 out 10:00 室 4室(全室禁煙) 予約 1泊2食付1万6500円～ ※1日2組限定

もうひとつの世界遺産の里へ

下梨集落の氏神。毎年9月に境内で五箇山麦屋まつりを開催

相倉合掌造り集落 P.123
├ 相倉民俗館
├ H 合掌のお宿庄七 P.123
└ R まつや P.124

地主神社

高坪山

白山宮

上梨
流刑小屋
★ 村上家 P.123
五箇山総合案内所

お小夜塚

本殿は富山県内最古の木造建築物。毎年9月にこきりこ祭りを開催

村上家に隣接する観光案内所。富山県西部と飛騨地方の観光情報を提供。こきりこや麦屋節など五箇山民謡のビデオ上映も

流刑となった遊女が村の青年との悲恋の末に庄川に投身した悲劇を偲んだもの

庄川に面した日帰り湯。四季折々の美しい景観が見渡せる露天風呂が人気

N
0    1km

# 民謡と祭りに親しむ
独特な風土が生んだ数多くの民謡、奉納祭りは人々の心を魅了する。

## 五箇山麦屋まつり
ごかやまむぎやまつり

五箇山に安住の地を求めた平家の落人たちが、麦や麻を刈り取る際に自分たちの悲哀に満ちた運命を託して歌ったといわれる麦屋節。哀調を帯びた旋律に合わせて勇壮な舞を見せる。

開催日時
9月23日

↑紋付、袴、白たすき、刀を腰に差し、笠を持ち、凛とした風格ある舞

## こきりこ祭り
こきりこまつり

白山宮の例祭。大化の改新頃に発祥した田楽の流れをくみ、日本最古の民謡といわれるこきりこを奉納。人の煩悩と同じ数の108枚の檜の板を編み合わせた楽器「ささら」を打ち鳴らし踊る。

開催日時
9月25・26日

↑総踊りでは来場者も全員加わって会場全体でこきりこを踊る

## まつや

相倉 **MAP** 付録P.14 B-1

### 地元産食材にこだわる郷土料理のイチオシ店

周辺で採れる山菜を塩漬けや冷凍、乾燥などで保存し、一年中山菜料理が楽しめる。ほかに地元名物の五箇山豆腐やそば、栃もちなど地元グルメが満載。デザートにはぜんざいも好評。

☎0763-66-2631
🏠富山県南砺市相倉445　🕐10:30～16:00(LO)　休無休　🚌相倉口バス停から徒歩6分　🅿共用駐車場利用(有料)

予約 可
予算 Ⓛ1000円～

↑相倉合掌造り集落内にある合掌家屋の茶房＆食事処
↑座敷もすべてテーブル席にリニューアル

**まつや定食 2800円**
郷土の味を盛り込んだおすすめの定食。山菜そば、五箇山豆腐、天ぷら、山菜料理、おにぎりなど盛りだくさんでお腹も満足

## 素朴な味わいの郷土料理を満喫したい
# 旬の恵みに彩られた食卓

五箇山●食べる

山菜やそばなど、五箇山の風土が育てた郷土の味。山里を眺めながら、あふれる滋味をかみしめたい。

## 五箇山 旬菜工房 いわな
ごかやましゅんさいこうぼういわな

予約 可
予算 ⓁⒹ980円～

西赤尾町 **MAP** 付録P.14 A-2

### 注文を受けてからさばく新鮮なイワナの料理が人気

店内の生け簀にはイワナが元気に泳ぎ、注文を受けてからすくい上げて調理。新鮮でクセがないイワナ料理が食べられる。刺身や塩焼き、唐揚げ、カルパッチョ、そして名物のいわな寿しなど多彩。

☎0763-67-3267
🏠富山県南砺市西赤尾町72-1　🕐11:00～20:00　休火曜(祝日の場合は営業)　🚌ささら館前バス停からすぐ／東海北陸自動車道・五箇山ICから車で3分　🅿共用駐車場利用

↑カウンター席、テーブル席、小上がり席がある店内
↑庄川を背にした食事処で、店内からの清流の眺めも良い

**いわなと赤かぶらのにぎり膳 1760円**
ほんのリピンク色のイワナと鮮やかな赤かぶらの珍しい握り寿司。身のしまったイワナは臭みもなく噛むと甘みがある

## 散策途中で訪れたいカフェ
手作りスイーツと香り高いコーヒーでひと息。

### 茶房 掌
さぼう てのひら

菅沼 **MAP** 付録P.14 B-1

古い納屋をリノベーションしたカフェ。手作りのチーズケーキ400円やそば団子400円などが楽しめる。窓から集落が見渡せ、和みの風景に癒される。

☎0763-67-3066
🏠富山県南砺市菅沼400　🕐10:00～17:00(12月上旬～3月は～16:00)　休火曜(祝日の場合は営業)　🚌菅沼バス停から徒歩5分　🅿共用駐車場利用(有料)

↑窓の外にはおとぎ話のような山村風景が広がる

↑こぢんまりとした味のある建物でレトロ気分満載

↑手作りのチーズケーキは、季節によって種類が異なる

OTONATABI
*Okuhida*
*Onsengo*

# 奥飛騨温泉郷

## 雄大で美しい自然に抱かれた癒やしの温泉地

古くより愛されてきた
山あいに湧くいで湯。
郷愁へ誘う里山風景のなか、
天然温泉で心と体をゆっくり休める。

エリアと観光のポイント ❖

# 奥飛騨温泉郷はこんなところです

それぞれに個性のある5つの温泉地。各地の特徴や泉質の違いを楽しみに
湯めぐりに出かけるのもよい。

奥飛騨温泉郷●歩く・観る

### 賑わう奥飛騨温泉郷の玄関口

## 平湯温泉
ひらゆおんせん

奥飛騨でも歴史の長い温泉地。バスターミナルがあり、各温泉地へのアクセス拠点になっている。飛騨三大名瀑の平湯大滝などの見どころもある。

| 温泉データ | 泉質 ▶ 単純温泉、炭酸水素塩泉、塩化物泉、硫黄泉<br>源泉数 ▶ 40<br>湯量 ▶ 8636ℓ／分 |

⬆豊かな自然に包まれた野趣あふれる露天を満喫したい

### さわやかなアルペンリゾート

## 新穂高温泉
しんほたかおんせん

奥飛騨温泉郷で最奥に位置し、雄大な北アルプスの山々を望む絶景温泉も多い。登山口もあり、さまざまなスタイルの宿泊施設が立ち並んでいる。

| 温泉データ | 泉質 ▶ 単純温泉、炭酸水素塩泉、硫黄泉<br>源泉数 ▶ 43<br>湯量 ▶ 9117ℓ／分 |

### どこか懐かしい山里の温泉地

## 栃尾温泉
とちおおんせん

渓流魚の宝庫としても知られる蒲田川がゆるやかに流れ、のどかな山里風景が広がる。家庭料理が味わえる温かい雰囲気の民宿が多い。

| 温泉データ | 泉質 ▶ 単純温泉<br>源泉数 ▶ 11<br>湯量 ▶ 3295ℓ／分 |

### 清流せせらぐ名水の里

## 新平湯温泉
しんひらゆおんせん

奥飛騨温泉郷の中央に位置し、名水「たるま水」で知られる温泉地。山里の景観が楽しめる宿が並び、飲食店が多くある。

| 温泉データ | 泉質 ▶ 単純温泉、炭酸水素塩泉、塩化物泉<br>源泉数 ▶ 35<br>湯量 ▶ 7737ℓ／分 |

### 秘湯の雰囲気漂う小さな集落

## 福地温泉
ふくじおんせん

国道から外れた静けさが心地よい小さな温泉地。古民家を改装した温泉施設や木のぬくもりを感じるモダンな旅館などが人気。

| 温泉データ | 泉質 ▶ 単純温泉、炭酸水素塩泉<br>源泉数 ▶ 14<br>湯量 ▶ 2170ℓ／分 |

新穂高温泉駅
錫杖岳
新穂高ロープウェイ ★
★北アルプス大橋
新穂高温泉
西穂高口駅
蒲田トンネル
神坂トンネル
蒲田川
神岡町

栃尾温泉
岐阜県
高山市

新平湯温泉
焼岳

福地温泉
長野県
松本市

輝山
松本市街
中ノ湯IC
平湯温泉
安房峠
安房トンネル
中部縦貫自動車道 安房峠道路
平湯IC口 平湯IC
安房山
高山駅
平湯峠
平湯トンネル
★平湯大滝
★乗鞍スカイライン
乗鞍畳平
十石山

## 交通 information

### 主要エリア間の交通

**バス**

**高山**

⏱濃飛バスなどで約1時間45分
※平湯温泉までは約1時間

奥飛騨温泉郷(新穂高ロープウェイ)

**車**

**高山**

⏱国道158・471号経由52km

奥飛騨温泉郷(新穂高ロープウェイ)

### 奥飛騨温泉郷の移動手段

高山濃飛バスセンターから平湯温泉バスターミナルや各温泉地を経由して新穂高ロープウェイまでを結ぶ濃飛バスで移動できる。1時間に1〜2本の運行で、所要時間は、平湯温泉から新穂高ロープウェイまで約36〜45分。高山から利用できるフリー乗車券(P.141)もある。

### 問い合わせ先

観光案内
奥飛騨温泉郷観光協会 ☎0578-89-2614
奥飛騨温泉郷観光案内所
　　　　　　　　　　　☎0578-89-2458
平湯温泉観光案内所　 ☎0578-89-3030

交通
濃飛バス 高山営業所　☎0577-32-1160
平湯バスターミナル　 ☎0578-89-2351
宝タクシー 平湯営業所☎0578-89-2631
JR東海テレフォンセンター
　　　　　　　　　　　☎050-3772-3910

**奥飛騨温泉郷はこんなところです**

## 奥飛騨温泉郷の特徴

北アルプスの麓に広がる、平湯、福地、新平湯、栃尾、新穂高の5つの温泉地をまとめて奥飛騨温泉郷と呼ぶ。豊富な湯量を誇り、大自然を満喫できる露天風呂が多くある。

### 奥飛騨温泉郷の泉質

**単純温泉** 含まれる成分が微量で刺激の少ない温泉。肌の弱い人や高齢者におすすめ。病後の療養にも適している。

**炭酸水素塩泉** 重曹が多く含まれ、肌の古い角質や汚れを取り除く美肌効果がある湯。皮脂も溶けるので、入浴後は保湿剤で肌のケアも忘れずに。

**塩化物泉** 塩の成分が多く、保温効果の高い湯。血流が良くなり、新陳代謝が促進されるので美肌にも効果的。

**硫黄泉** 強い匂いが特徴。殺菌効果があり、肌への刺激は強い。血管の拡張作用もある。

### 温泉地めぐりの楽しみ方

観光施設や飲食店などでサービスが受けられるクーポンマガジン「奥飛騨の達人」を利用すれば、お得に温泉地めぐりができる(観光案内所や加盟宿などで入手可)。湯めぐりを楽しみたいなら、「奥飛騨湯けむり達人」(P.136)がおすすめ。

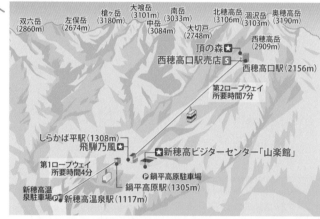

**笠ヶ岳** 2898 m
かさがたけ
お椀形のなだらかな稜線上にポッカリと突き出た山頂が特徴。

**抜戸岳** 2813m
ぬけどだけ
東斜面に大きな崩壊地があり「ぬけ」と呼ばれ山名の由来に。

**双六岳** 2860m
すごろくだけ
ゆるやかな高原状の山体で山頂は砂礫の台地となっている。

ロープウェイを降りると、眼前に広がる大パノラマ

# 絶景! 北アルプスの名峰

国内唯一の2階建てゴンドラに身を任せ、雲間の空中散歩に日常をすべて忘れる。
ただ北アルプスの神々しさに胸打たれながら。

奥飛騨温泉郷 ● 歩く・観る

## 約25分で標高2156mの世界へ
## 山頂駅展望台の大パノラマ

　新穂高温泉駅と西穂高口駅を2つのロープウェイがつなぎ、約25分(乗り継ぎ時間含む)で標高2156mの世界へ。北アルプスの名峰が望める展望台のほか、レストラン、温泉、ギャラリーなど施設も充実。

## 新穂高ロープウェイ
しんほたかロープウェイ

新穂高温泉 MAP 付録P.17 F-1
☎0578-89-2252 ⓪高山市奥飛騨温泉郷新穂高温泉 ⓠ8:30~16:00(時期により変動あり) ⓧ無休(悪天候、ロープウェイ整備の休みあり) ⓟロープウェイ往復3300円 ⓧロープウェイ新穂高温泉駅まで新穂高ロープウェイバス停からすぐ Ⓟあり(有料)

双六岳
(2860m)
左俣岳
(2674m)
槍ヶ岳
(3180m)
大喰岳
(3101m)
中岳
(3084m)
南岳
(3033m)
大切戸
(2748m)
北穂高岳
(3106m)
涸沢岳
(3103m)
奥穂高岳
(3190m)
西穂高岳
(2909m)
頂の森★
西穂高口駅売店Ⓢ
西穂高口駅 (2156m)
第2ロープウェイ
所要時間7分
しらかば平駅 (1308m)
飛騨乃風★
第1ロープウェイ
所要時間4分
★新穂高ビジターセンター「山楽館」
Ⓟ鍋平高原駐車場
鍋平高原駅 (1305m)
新穂高温泉駐車場Ⓟ 新穂高温泉駅 (1117m)

絶景以外にも
## 魅力がいっぱい
## お楽しみスポット

### 西穂高口駅売店　西穂高口駅

展望台には通年集配可能なポストとしては、日本最高所の郵便ポストがあり記念絵はがきも販売。穂高に生息するライチョウ関係のグッズも多数販売。

▲西穂高口駅3階のみやげ物店。ここでしか手に入らないものも

MAP 付録P.16 C-2
☎0578-89-2252(新穂高ロープウェイ)
⊕8:30~16:45(季節により変動あり)
ⓧ新穂高ロープウェイに準ずる

▲人気の「頂(いただき)」シリーズグッズ

### 飛騨乃風　しらかば平駅

しらかば平駅にある高原のギャラリー。飛騨の風物や北アルプスの自然から受けた感動を表現したさまざまな美術品を紹介。

▲貸画廊ともなっていて企画展などもある

MAP 付録P.17 F-2
☎0578-89-2254(新穂高ビジターセンター「山楽館」)
⊕8:30~16:00(季節により変動あり)
ⓧ新穂高ロープウェイに準ずる ⓟ無料

槍ヶ岳 3180m
やりがたけ
その形から「日本のマッターホルン」と呼ばれ、高さは国内5位。

南岳 3033m
みなみだけ
槍ヶ岳から穂高岳に延びる尾根の南端にあることから南岳と命名。

西穂高岳 2909m
にしほたかだけ
穂高連峰の西南端に位置し、ロープウェイ駅から登る人も多い。

## 季節ごとの美しい景観に出会いたい

春の残雪と新緑美、夏山の荒々しさ、秋の燃える紅葉、雪山の神秘的な光景。四季折々の豊かな自然美に魅了される。

夏
春
秋
冬

## お役立ちinformation

### 料金表

| 乗車区間 | 片道 | 往復 |
|---|---|---|
| 第1・2ロープウェイ | 1900円 | 3300円 |
| 第1ロープウェイ | 500円 | 700円 |
| 第2ロープウェイ | 1800円 | 3200円 |

### 服装について

新穂高温泉駅と西穂高口駅との気温差は5℃くらいあり、都心より約10℃も低い。

### 時刻表

| 出発駅 | 新穂高温泉発<br>（第1上り） | | しらかば平発<br>（第2上り） | | 西穂高口発<br>（第2下り） | |
|---|---|---|---|---|---|---|
| 営業期間 | 始発 | 最終 | 始発 | 最終 | 始発 | 最終 |
| 4/1～11/30 | 8:30 | 16:00 | 8:45 | 16:15 | 8:45 | 16:45 |
| 8/1～31 | 8:00 | 16:00 | 8:15 | 16:15 | 8:15 | 16:45 |
| 10月の土・日曜、祝日 | 8:00 | 16:00 | 8:15 | 16:15 | 8:15 | 16:45 |
| 12/1～3/31 | 9:00 | 15:30 | 9:15 | 15:45 | 9:15 | 16:15 |

## 新穂高ビジターセンター「山楽館」 しらかば平駅

しらかば平駅前にあるネイチャー施設。山岳、自然資料館がある。

➡ ネイチャープロムナードで自然を学習

**MAP** 付録P.17 F-2
☎0578-89-2254
🕐8:30～16:30（季節により変動あり）
㊡無休 新穂高ロープウェイに準ずる
㉿無料

## 頂の森 西穂高口駅

西穂高口駅外に広がる園地。原生林の樹間を縫う散策コースでは、5～10月にかけて山野草や高山植物の花が見られる。

**MAP** 付録P.16 C-2
☎0578-89-2252（新穂高ロープウェイ）
㊡新穂高ロープウェイに準ずる
㉿無料

↑回廊からは槍、穂高連峰が近くに

↪冬は一面の雪景色の中を散策

129

岐阜県の名峰・笠ヶ岳を見晴らす景色は、春夏秋冬を通してさまざまな姿を満喫できる

雄大な山々を望み、効能豊かな湯に浸かる

# 眺望絶佳の露天風呂で憩う

日本でいちばん露天風呂の多い温泉郷で山懐の美しい景色に包まれながら、
身も心も存分に癒やされたい。

四季が織りなす美しさと
木のぬくもりあふれる湯宿

## 匠の宿 深山桜庵
たくみのやど みやまおうあん

平湯温泉 **MAP** 付録P.19 E-2

北アルプスの山懐に抱かれるような心地に浸れる開放感抜群の露天風呂が自慢の湯宿。飛騨の銘木を贅沢に使った木組みや珪藻土といった自然素材を用いた客室、上質な飛騨牛の炭火焼きと旬の味覚が楽しめる和会席など、飛騨の恵みを随所に感じることができる。

☎0578-89-2799
所高山市奥飛騨温泉郷平湯229
交平湯温泉バスターミナルから徒歩7分(平湯温泉バスターミナルから送迎あり、到着時要電話)
Pあり in15:00 out11:00
室72室(全室禁煙) 料金1泊2食付2万5000円〜
※立ち寄り湯 不可

1.雄大な北アルプスを望む大浴場露天風呂
2.野趣あふれる貸切露天風呂は無料で利用可能
3.雄大な山々を望む食事処のカウンター席
4.木のぬくもりが感じられる落ち着いた客室
5.旅の始まりは山門を抜けて
6.露天感覚で楽しめる和洋室の星見風呂
7.四季折々の食材を贅沢に使った和会席は絶品
8.上質な飛騨牛は備長炭で炙って食す

## 全室露天風呂と内湯が付いた
## お籠りを楽しむ大人の隠れ宿

# 隠庵 ひだ路
かくれあん ひだじ

福地温泉 **MAP** 付録P.18 B-3

標高約1000mの山麓にひっそりとたたずむ隠れ宿。12室すべてに檜の内湯と露天風呂があるほか、川沿いの離れにある檜と石組みの2つの露天風呂も情緒たっぷり。飛騨牛や川魚など、地元の山の幸をふんだんに使った郷土料理も味わい深い。

☎0578-89-2462
🏠高山市奥飛騨温泉郷福地687
🚌福地温泉バス停から徒歩3分（送迎なし）
Ⓟあり ⏰14:00 out11:00
🛏12室（全室喫煙可）
💰1泊2食付2万3760円〜
※立ち寄り湯 不可

1. 山々に溶け込むような平屋建ての外観
2. 懐かしさを感じる囲炉裏のあるロビー
3. 季節の小物や本のあるミニギャラリー
4. 川沿いにある離れの露天風呂（檜の湯）
5. 客室は和室と掘りごたつのある次の間があり、檜の内湯と露天風呂が完備
6. ほっこり田舎料理が懐かしい味わい

木立に囲まれた川沿いの露天風呂は四季折々の情緒を楽しめる

1. 槍ヶ岳のダイナミックで美しい自然に抱かれた槍見舘
2. ロビー横の囲炉裏の間は自然と人が集まってくる場所
3. メゾネット構造の土蔵造りの離れは2タイプで露天風呂付き
4. 自家製野菜や山菜、飛騨牛やイワナなど奥飛騨の旬を堪能できる
5. 槍ヶ岳を望む混浴の「槍見の湯」。専用湯浴み着の着用ができる
6. やわらかな光が心地よくゆったりとした和モダンタイプの客室

## 野趣あふれる槍ヶ岳の自然を
## 存分に楽しめる古民家風宿

# 槍見の湯 槍見舘
やりみのゆ やりみかん

新穂高温泉 **MAP** 付録P.17 E-3

槍ヶ岳を仰ぐように建つ古民家風の宿は、200年以上前の庄屋屋敷を改築、囲炉裏のあるロビーや光をふんだんに取り込んだ温かみある造り。蒲田川沿いにある7カ所の露天風呂は四季折々の景色に浸れる。滋味あふれる郷土会席も絶品。

☎0578-89-2808
🏠高山市奥飛騨温泉郷神坂587 🚌中尾高原口バス停から徒歩6分（中尾高原口バス停から無料送迎あり、要予約でバス停到着時要連絡、14:00から利用可）Ⓟあり ⏰14:00
out11:00 🛏15室（全室禁煙）
💰1泊2食付1万8850円〜 ※立ち寄り湯10:00〜14:00／500円／不定休

蒲田川沿いの露天風呂からは、春は新緑、秋は紅葉、冬は雪景色を楽しむことができる

自然との一体感を楽しめる
木立の中の静寂の宿

# もずも

平湯温泉 **MAP** 付録P.19 D-2

乗鞍岳から流れる「もずも川」に由来
する宿の名前どおり、山々の自然との
調和をコンセプトにした全8室の静か
な宿。内湯はなく、満々と湯をたたえ
た共同露天風呂と、開放的な部屋付き
の露天風呂を満喫する。A5等級の飛
騨牛の夕食も好評。

☎0578-89-2020
🏠高山市奥飛騨温泉郷平湯579-1 🚌平湯温
泉バスターミナルから徒歩8分（平湯温泉バス
ターミナルから無料送迎あり、要予約）
🅿あり in15:00 out10:00 🛏8室(全室
喫煙可)💴利用は1室2名まで 予約1泊2食付
3万3000円～ ※立ち寄り湯 不可

自然林の中でお湯
に浸かっているよ
うな調和感に誘わ
れて何度でも入り
たくなる

1. A5等級の飛騨牛のほか、新鮮な
石川近海の魚介が味わえる
2. 客室のウッドデッキと、緑に溶
込むような露天風呂
3. 窓から見える自然林が映えるシ
ンプルさが魅力の客室
4. ゆったりしたマットレスが心地
よい温かみある寝室

奥飛騨温泉郷●泊まる

蒲田川のせせらぎ
を聞きながら自然
に包まれる、極上
のひとときを満喫
できる

1. 最上階の貸切露天風呂
「月に座す」。予約をすれば
誰でも無料で利用できる
2. 温かく上質な和の空間
が広がる「山の棟」の客室。
全客室が異なる
3. こだわりの飛騨牛のほか、
日本海直送の海の幸も味
わえる会席料理

源泉かけ流しの温泉を
客室でこころゆくまで堪能

# 雪紫

ゆきむらさき

新穂高温泉 **MAP** 付録P.17 D-4

すべての客室に窓を開け放てる内湯、
うち8室には露天風呂も付き、最上階
には2つの貸切露天風呂もある、温泉
三昧の宿。館内は総畳敷き・床暖房と
いうこだわり。上質な飛騨牛を多彩な
料理で味わえる食事など、宿に籠って
存分に休日を楽しみたい。

☎0578-89-2046
🏠高山市奥飛騨温泉郷神坂405
🚌新穂高温泉口バス停からすぐ（送迎なし）
🅿あり in15:00 out10:00
🛏14室(禁煙11室、喫煙3室) 予約1泊2食付
2万6620円～ ※立ち寄り湯 不可

新緑色をした超深層水温泉や
12種類の浴槽を湯めぐり

# 奥飛騨ガーデンホテル焼岳
おくひだガーデンホテルやけだけ

新平湯温泉 **MAP** 付録P.18 C-4

国内でも珍しい超深層水温泉の「うぐいすの湯」など趣の違う12種類の湯船が楽しめる温泉自慢の宿。夕食は、肉や野菜を自家源泉で蒸したせいろ蒸しが味わえる「おおごっつお」料理で旬の味を堪能できる。

☎0578-89-2811
㊞高山市奥飛騨温泉郷一重ヶ根2498-1
㊂ガーデンホテル焼岳バス停からすぐ（送迎なし）㋕あり ㏌15:00 ㏌out10:00 ㊠85室（全室喫煙可）㋕1泊2食付1万6200円〜
※立ち寄り湯12:00〜22:00（受付は〜21:00）／900円／不定休（繁忙期は入浴規制あり）

泉質の良さを象徴する湯の花も豊富な「うぐいすの湯」。神秘的なエメラルド色に癒やされる

1

1.ビタミン、ミネラルが豊富な美肌の湯といわれる「うぐいすの湯」
2.山々と平湯川を望む広々とした洋室
3.奥飛騨の食材を堪能できる「温泉せいろ蒸しいろり会席」が評判

2

3

眺望絶佳の露天風呂で憩う

## 奥飛騨の懐石料理が魅力の宿

繊細な料理と風流な空間
まさに和のオーベルジュ

# 料理旅館 奥飛騨山草庵
# 饗家（きょうや）
りょうりりょかん おくひださんそうあん きょうや

新平湯温泉 **MAP** 付録P.18 B-2

客室中心の母屋、食事処と貸切風呂中心の山草庵が建ち、いずれも古家を改築した風流な和建築。自慢の夕食は、飛騨の素朴な食材を自在にアレンジした「新・奥飛騨料理」。客を1日5組に限定していねいに仕上げる。無料の貸切露天風呂を用意。

1.ダブルベッドタイプの客室「にりん草」。ほかの4室は趣の異なる古民家調の和室
2.料理の一例。飛騨牛をメインに飛騨の旬を堪能。作家物の器も目を楽しませる
3.食事処「山草庵」の建物は築150年以上
4.4つの貸切風呂はすべて露天風呂付き

2

3

4

☎0578-89-2517
㊞高山市奥飛騨温泉郷一重ヶ根212-84
㊂禅通寺前バス停から徒歩5分（送迎なし）
㋕あり ㏌15:00 ㏌out10:30 ㊠5室
㋕1泊2食付2万3100円〜
※立ち寄り湯 不可

# いで湯の里のぬくもりを感じて
# 趣深い古民家の宿

大きなケヤキの梁が組まれた古民家宿も多い奥飛騨温泉郷。
懐かしさとぬくもりあふれる空間でくつろぎたい。

風情ある吹き抜けのロビーでは福地の湧水で淹れた挽きたてのコーヒーが味わえる

4000坪の森にしっとりたたずむ
レトロな離れ家の宿

## いろりの宿 かつら木の郷
いろりのやど かつらぎのさと

福地温泉 **MAP** 付録P.18 B-4

築150余年の庄屋屋敷を移築して改装した母屋は、まがり木を組んだ力強い梁が訪れる者を温かく迎えてくれる。露天風呂付き、メゾネットタイプなど5タイプある客室は10室すべてが離れ。岩造りや木船の露天風呂など多彩な湯船も楽しめる。

☎0578-89-1001
所高山市奥飛騨温泉郷福地10
交福地温泉バス停から徒歩3分(無料送迎あり、送迎を希望する場合は要問い合わせ)
Pあり in15:00 out11:00 室10室(全室喫煙可) 予約1泊2食付2万2000円〜
※立ち寄り湯 14:30〜20:30／1000円／不定休／要予約(少人数のみ利用可能)

1. 一年中火が焚かれているロビーの囲炉裏
2. 長屋門をくぐり少し歩くと目印の暖簾が
3. 貸切露天風呂の檜の木船。心地よい香りと木々に囲まれ体も心も癒やされる
4. 柿渋を塗装したDタイプの離れ「柿香庵」
5. 飛騨牛をメインに川魚、きのこなど奥飛騨の食材を使った囲炉裏料理が並ぶ
6. 100年前の古民家を利用した露天風呂付き一軒家の「欅家」。9名まで利用可

居間と和室の寝室を兼ね備えている「木庵」。窓の外には平湯川が見え、開放感がある

## 竃や囲炉裏のぬくもり漂う昔ながらの飛騨を伝える宿

# 山里のいおり 草円
やまざとのいおり そうえん

福地温泉 **MAP** 付録P.18 B-3

国の登録有形文化財にも指定されている築約170年の豪農屋敷の面影を残す母屋をはじめ、約100年前の奥飛騨の暮らしを随所に再現した。薪を使った竃炊きごはんの香りが漂う山里の郷土料理、美肌の湯といわれる自家源泉かけ流しのお風呂が楽しめる。

☎0578-89-1116
住高山市奥飛騨温泉郷福地831
交福地ゆりみ坂バス停から徒歩3分（福地温泉口バス停から無料送迎あり、要予約）
Pあり in15:00 out11:00 室15室
予算1泊2食付2万1930円～ ※立ち寄り湯15:00～21:00／880円／要予約

1. 新潟の豪農屋敷を移築再生した客室「木庵」
2. 山里の素朴な風情が漂う宿の玄関
3. 年月と人の暮らしを感じる囲炉裏の間
4. 薪をくべて炊いたご飯や川魚、五平餅など、滋味あふれる料理は絶品
5. 木造梼葺き（くれぶき）の湯小屋も美しい大浴場

## 全室に囲炉裏の間のある落ち着いたくつろぎの宿

# 郷夢の宿 山ぼうし
きょうむのやど やまぼうし

新平湯温泉 **MAP** 付録P.18 B-2

乗鞍岳や上高地への観光に便利な立地にある、古民家風の宿。全室に囲炉裏の間をしつらえ、半露天風呂付きの洋室や和室もあるなど、それぞれに趣の異なる洗練されたつくりが魅力。2つある貸切露天風呂は予約なしでいつでも利用できる。

☎0578-89-2538
住高山市奥飛騨温泉郷一重ヶ根832
交禅通寺前バス停からすぐ
Pあり in15:00 out10:00 室10室（全室喫煙可）予算1泊2食付1万9800円～（別途入湯税150円）

1. 風情ある玄関も温かな雰囲気が漂う
2. 朝夕の食事は「お食事処たるま」で
3. 屋根のある貸切露天風呂の「里の湯」
4. 飛騨牛や川魚、飛騨の自然野菜を炉端で焼きながら味わう田舎風創作料理
5. スタンダードな囲炉裏の間と8畳の和室

木のぬくもりが感じられる和室。ゆったりとしたつくりで奥飛騨の風情を満喫できる

## 昔懐かしい湯小屋に和む隠れ家風の一軒宿

# 松宝苑
しょうほうえん

新平湯温泉 **MAP** 付録P.18 B-3

温泉街から少し離れたところに建つ、緑生い茂る風情たっぷりの宿。3000坪の敷地に、山野草が咲き乱れる中庭を囲むように母屋、宿泊棟、湯小屋が並び、回廊が結ぶ造り。ケヤキやアスナロなどの木曽五木を組んだ内湯やオリジナル創作料理も絶品。

☎0578-89-2244
住高山市奥飛騨温泉郷一重ヶ根205-128
交福地温泉口バス停からすぐ（送迎なし）
Pあり in14:00 out10:00
室10室（全室禁煙）
予算1泊2食付1万4300円～
※立ち寄り湯 不可

1. 浴場と脱衣場を仕切らない湯治場を思わせる「長閑の湯」
2. 主人が朝から仕込む、目にも美しい創作囲炉裏料理
3. ケヤキの梁が組まれた重厚感ある吹き抜けの母屋ロビー
4. それぞれに趣の異なる囲炉裏付きの民芸調和室

新館にある落ち着いた囲炉裏付き民芸調和室からは、野趣あふれる中庭も眺められる

# 気軽に楽しめる多様な立ち寄り湯

源泉が数多く存在し、各施設で個性的な湯を堪能できる奥飛騨温泉郷。
泉質の違いを感じながら、奥飛騨の自然を生かしてつくられた湯を巡りたい。

## 荒神の湯
こうじんのゆ

栃尾温泉 **MAP** 付録P.18A-1

### 大自然に癒やされる温泉

蒲田川の河川敷にある共同露天風呂。四季折々、変化する奥飛騨の山々を眺めながら、栃尾温泉の湯を楽しむことができる。
☎0578-89-2614(奥飛騨温泉郷観光協会) ⓐ高山市奥飛騨温泉郷栃尾 ⓣ8:00(月・水・金曜12:00)〜22:00 ⓗ無休 ⓨ寸志300円程度 ⓧ栃尾診療所前バス停からすぐ ⓟあり **アメニティ** なし

↑広々とした露天風呂から夏は緑が美しい山々、冬は雪景色を望む

## 昔ばなしの里
## 石動の湯
むかしばなしのさといするぎのゆ

福地温泉 **MAP** 付録P.18 B-3

### 懐かしさに心も温まる

「昔ばなしの里」内にある共同浴場。岩造りの露天風呂のほか、木造りの内湯もある。食事処も併設。

↑木々に囲まれ、山里の雰囲気を存分に楽しめる露天風呂

☎0578-89-2793(昔ばなしの里) ⓐ高山市奥飛騨温泉郷福地110 ⓣ12:00〜16:00 ⓗ水曜ほか不定休あり ⓨ300円 ⓧ福地温泉バス停から徒歩2分 ⓟあり **アメニティ** タオル(有料)、バスタオル(有料)

## ひらゆの森
ひらゆのもり

平湯温泉 **MAP** 付録P.19 E-2

### 趣の異なる湯船が楽しみ

原生林が生い茂る広大な敷地内にある宿泊施設や食事処などを備えた温泉リゾート。16ある露天風呂で天然温泉を満喫。

↑種類豊富な露天風呂はそれぞれに湯の濁り具合や温度が異なる

☎0578-89-3338 ⓐ高山市奥飛騨温泉郷平湯763-1 ⓣ10:00〜20:30 ⓗ無休(4・6・12月はメンテナンス休あり) ⓨ700円 ⓧ平湯温泉バスターミナルから徒歩3分 ⓟあり **アメニティ** タオル(200円)、バスタオル(500円)、ボディソープ、シャンプー、ドライヤー

## 新穂高の湯
しんほたかのゆ

新穂高温泉 **MAP** 付録P.17 E-3

### 野趣あふれる露天風呂

蒲田川のほとりにある、巨大岩で造られた混浴の露天風呂。大きな湯船からは、渓流や雄大な山々を望むことができる。

↑紅葉シーズンには、赤く染まった木々と川の美しい風景が広がる

☎0578-89-2614(奥飛騨温泉郷観光協会) ⓐ高山市奥飛騨温泉郷神坂 ⓣ8:00〜18:00 ⓗ10月31日〜4月下旬 ※河川増水時は休業の場合あり ⓨ清掃協力金300円程度 ⓧ中尾高原口バス停からすぐ ⓟあり **アメニティ** なし

## 「奥飛騨湯けむり達人」を活用
湯巡り手形で魅力的な奥飛騨温泉を満喫しよう。

奥飛騨温泉郷にある15の加盟施設で利用可能。必要な枚数のシールと手形を提示することで入浴できる(手形には3枚のシール付き)。

**販売場所**
平湯温泉観光案内所、加盟施設、みやげ店など
**料金**
1200円

※施設ごとに必要なシールの枚数が異なる。リーフレットで確認を

奥飛騨温泉郷●泊まる

# アクセスと交通

◆◆◆

歴史的な建築物や名湯に出会える
飛騨地方。車窓に広がる美しい
自然の風景も旅の楽しみのひとつだ。
各エリアは徒歩で移動ができる
小さな町でも、交通事情を知っておくと、
より効率的な旅ができる。

自然に囲まれ
伝統が息づく
古き良き町へ

まずは飛騨の玄関口・高山への行き方をチェック

# 高山周辺へのアクセス

高山には周辺のエリアを経由して向かうことができるので、行きたいエリアが複数ある場合は、どの交通手段を利用して、どういう順序で巡るかを事前に考えておきたい。

## 鉄道

### 名古屋、富山から高山本線で高山駅へ

鉄道の場合は、名古屋または富山から特急ひだを利用。高山駅のほかに飛騨古川駅や下呂駅にも停車する。

| | | |
|---|---|---|
| 名古屋駅 | 特急ひだ<br>約2時間30分／6140円 | 高山駅 |
| 大阪駅 | 特急ひだ ※1日1往復<br>約4時間25分／8450円 | |
| 富山駅 | 特急ひだ<br>約1時間30分／3420円 | |

### お得なきっぷを利用して

●飛騨エリアフリーきっぷ／バスコース
名古屋周辺の主要駅からフリー区間（飛騨金山～高山～飛騨古川）までの往復は、特急ひだの普通車指定席を利用し、フリー区間内は特急の普通車自由席、普通列車が乗り放題。これに白川郷までのバス往復乗車券または高山&新穂高フリー乗車券が付く。3日間有効で料金は1万2370円（名古屋市内発の場合）。

※年末年始、ゴールデンウィーク、旧盆の期間は利用不可
※観光施設割引の特典や料金の詳細については以下のHPを参照
**JR東海** railway.jr-central.co.jp/tickets/hida-area/

JR東海テレフォンセンター ☎050-3772-3910
JR西日本お客様センター ☎0570-00-2486
JR東日本お問い合わせセンター ☎050-2016-1600

## 飛行機

### 空港から鉄道やバスに乗り換えてアクセス

中部国際空港からは名鉄・ミュースカイ（約28分／1250円）で名古屋駅へ、富山きときと空港からはバス（約25分／420円）で富山駅へ向かい、各駅で鉄道やバスに乗り換える。

富山きときと空港 国内線インフォメーション ☎076-495-3100
中部国際空港セントレアテレフォンセンター ☎0569-38-1195

## 高速バス

### 白川郷や奥飛騨温泉郷を経由する路線も

東京（新宿）、名古屋、大阪、松本、北陸から高山行きの路線がある。発着所の高山濃飛バスセンターはJR高山駅に隣接。

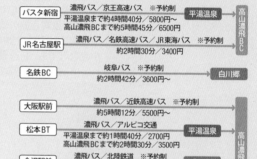

| | | |
|---|---|---|
| バスタ新宿 | 濃飛バス／京王高速バス ※予約制<br>平湯温泉まで約4時間40分／5800円～<br>高山濃飛BCまで約5時間45分／6500円 | 平湯温泉／高山濃飛BC |
| JR名古屋駅 | 濃飛バス／名鉄高速バス／JR東海バス ※予約制<br>約2時間30分／3400円 | |
| 名鉄BC | 岐阜バス ※予約制<br>約2時間42分／3600円～ | 白川郷 |
| 大阪駅前 | 濃飛バス／近鉄高速バス ※予約制<br>約5時間12分／5000円 | 高山濃飛BC |
| 松本BT | 濃飛バス／アルピコ交通<br>平湯温泉まで約1時間40分／2700円<br>高山濃飛BCまで約2時間30分／3500円 | 平湯温泉／高山濃飛BC |
| 金沢駅前 | 濃飛バス／北陸鉄道 ※予約制<br>白川郷まで約1時間15～25分／2600円<br>高山濃飛BCまで約2時間15分／4000円 | 白川郷／高山濃飛BC |
| 富山駅前 | 濃飛バス／富山地鉄高速バス ※予約制<br>白川郷まで約1時間20分／2400円<br>高山濃飛BCまで約2時間20分／3700円 | 白川郷／高山濃飛BC |

濃飛バス予約センター（9:00～17:00）☎0577-32-1688
京王高速バス予約センター（9:00～20:00）☎03-5376-2222
名鉄高速バス予約センター（9:00～18:00）☎052-582-0489
JR東海バス（10:00～18:30）☎0570-048939
近鉄高速バスセンター（9:00～19:00）☎0570-001631
アルピコ交通高速バス予約センター（9:00～17:00）☎0570-550-373
富山地鉄高速バス予約センター（8:30～19:00）☎076-433-4890
北陸鉄道予約センター（9:00～18:00）☎076-234-0123
岐阜バス 高速バス予約センター
（9:00～18:00 土・日曜、祝日は～17:00）☎058-201-0489

## 車

### 高山へ向かう主な経路は3通り

東海からは一宮JCT、北陸からは小矢部砺波JCTから東海北陸自動車道で飛騨清見ICに向かい、中部縦貫自動車道に入り高山ICで下りる。松本からは国道158号を経由して高山に向かう。

NEXCO中日本お客さまセンター ☎0120-922-229／052-223-0333
日本道路交通情報センター（全国共通ダイヤル）☎050-3369-6666

**アクセスと交通**

※特急ひだの料金は運賃と特急料金（通常期の普通車指定席）を合算したものです
※高速バスの発着所においてBCはバスセンター、BTはバスターミナルを表します

各エリア間を結ぶ交通網が充実している

# 高山周辺の交通

高山から日帰りで出かけることもできるので、飛騨のさまざまなエリアを楽しむことができる。
時間や本数を事前に確認して、旅のプランを検討したい。

**金沢～白川郷**
車 約1時間10分／75km
北陸道・東海北陸道経由
バス 約1時間15～25分
金沢駅西口から北陸バス・
濃飛バスなどを利用。五箇
山(一部通過便あり)を経由

**高山～飛騨古川**
車 約25分／15km
国道41号経由
バス 約30分～1時間
濃飛バスを利用
鉄道 約15分
特急ひだを利用。JR
高山本線普通では約
20分

**富山～高山**
車 約2時間／85km
国道41号経由
鉄道 約1時間30分
特急ひだを利用

**富山～白川郷**
車 約1時間20分／82km
北陸道・東海北陸道経由
バス 約1時間20分
富山駅から富山地鉄・濃飛バ
スを利用。高山濃飛BCまで
は約2時間20分

**白川郷～五箇山**
車 約20分／15km
国道156号または
東海北陸道経由で
五箇山ICまで
バス 約40分
五箇山菅沼まで加
越能バス(世界遺
産バス)を利用。相
倉口までは約50分

**高山～白川郷**
車 約40分／45km
中部縦貫道・東海北陸道経由
バス 約50分～1時間10分
高山濃飛BCから濃飛バスなど
を利用

**高山～奥飛騨温泉郷**
車 約1時間10分／52km
国道158・471号、県道475号経由
で新穂高ロープウェイまで
バス 約1時間45分
高山濃飛BTから平湯温泉BTを経
由して新穂高ロープウェイまで濃
飛バスなどを利用。平湯温泉BTま
では約1時間

**松本～奥飛騨温泉郷～高山**
車 約2時間／83km
国道158号経由。平湯温泉までは
約1時間15分／50km
バス 約2時間35分
松本BTからアルピコ交通・濃飛バ
スを利用。平湯温泉BTまでは約1
時間40分

**郡上八幡～白川郷**
車 約1時間10分／85km
東海北陸道経由
バス 約1時間35分
郡上八幡インターから岐阜
バスを利用(1日4往復)

**高山～郡上八幡**
車 約1時間10分／78km
中部縦貫道・東海北陸道経由
バス 約1時間20分
郡上八幡ICまで濃飛バス・名鉄
高速バス・JR東海バスを利用

**高山～下呂温泉**
車 約1時間10分／52km
国道41号経由
バス 約1時間20分
濃飛バスを利用
鉄道 約45分
特急ひだを利用

**名古屋～郡上八幡**
車 約1時間10分／83km
名神高速道・東海北陸道経由
バス 約1時間15分
郡上八幡ICまで濃飛バス・名鉄
高速バス・JR東海バスを利用

**下呂温泉～郡上八幡**
車 約1時間／45km
国道41号・256号経由

**名古屋～下呂温泉**
車 約2時間10分／120km
東海北陸道・県道58号・国道41号経由
鉄道 約1時間30～50分
特急ひだを利用

# 高山中心部の交通

高山濃飛バスセンターから各路線バスが運行している。
徒歩での観光とうまく組み合わせて、高山の町を十分に満喫したい。

## JR高山駅周辺にあらゆる交通手段が揃う

高山市内の交通の起点はJR高山駅に隣接する高山濃飛バスセンターになる。路線バスや高速バスもここから出発する。

↑2016年10月に改修されたJR高山駅　↑多くのバスが発着する高山濃飛バスセンター

### まちなみバス

右回りと左回りがそれぞれ1時間に1本(7:30〜17:00、土・日曜、祝日8:30〜17:00)高山濃飛バスセンターを出発し、古い町並、高山陣屋、吉島家住宅がある大新町などを約40分かけて循環する。1乗車100円。
濃飛バス 高山営業所 ☎0577-32-1160

```
右回り
14分              7分            1分       4分        3分            10分
高山濃飛BC ─ 国分寺 ─ 日下部民芸館口 ─ 高信本店前 ─ さんまち通り ─ 高山陣屋前 ─ 高山濃飛BC
           20分           10分      1分        1分       1分              8分 左回り
```

### さるぼぼバス

毎時00分と45分(9:00〜16:45)に高山濃飛バスセンターを出発し、飛騨の里や飛騨高山まつりの森などの観光スポットへ向かう。1乗車100円。
濃飛バス 高山営業所 ☎0577-32-1160

```
9分          5分        3分          1分                9分        2分
高山濃飛BC ─ 飛騨の里 ─ 越後町 ─ まつりの森 ─ 文化センター ─ 世界生活 ─ 高山濃飛BC ─ 飛騨の里 ─ 飛騨東照宮下
         15分        9分        2分         2分      センター              13分
```

### のらマイカー

高山市の中心地から東西南北に広がる地域バスで、料金は一律100円。そのうち東線は、高山濃飛バスセンターからさんまち通りを経由して、東山寺町にある素玄寺や宗猷寺に向かう。所要時間は約10分。
濃飛バス 高山営業所 ☎0577-32-1160

### お得な乗車券

主にバスで高山市中心部を巡りたい場合はフリー乗車券を利用したい。観光施設の入場料金が割引になるサービスも実施している。高山濃飛バスセンターで購入できる。
濃飛バス お得な乗車券 www.nouhibus.co.jp/hida/ticket/

●飛騨高山1日フリー木っぷ
価格と有効期限:500円(当日限り)　乗り放題路線:まちなみバス、さるぼぼバス、のらマイカー、匠バス　発売場所:高山濃飛バスセンター　乗車券提示で割引になる施設:飛騨の里、吉島家住宅、日下部民藝館、高山祭屋台会館など

### レンタサイクル

天気が良い日には自転車で高山の町を巡るのもおすすめ。高山陣屋や古い町並の周辺は道が平坦なので、楽に移動できるのが魅力。

**ハラサイクル**
高山駅周辺 MAP 付録P.8 C-3
☎0577-32-1657
住高山市末広町61
時9:00〜20:00　休火曜
料1時間300円(以降1時間ごと200円)6時間以降1300円
交JR高山駅から徒歩7分

### タクシー

高山陣屋や古い町並など多くの観光スポットは高山駅から1000円未満で、飛騨の里は1000円台で行ける。また、名所の歴史と文化を説明してくれる観光タクシーもある。事前に要確認。
山都タクシー ☎0577-32-2323　はとタクシー ☎0577-32-0246

### レンタカー

高山から飛騨古川や奥飛騨温泉郷、白川郷に行くときにも便利。JRの乗車券とセットのお得なきっぷも利用できるものも。事前に要確認。
駅レンタカー ☎Webのみ
駅レンタカー高山駅営業所 ☎0577-33-3522
トヨタレンタリース高山駅前店 ☎0577-36-6110
ニコニコレンタカー高山駅前店 ☎0577-32-5115

### 駐車場情報

観光施設や古い町並にあるお店には専用駐車場がない場合がほとんど。古い町並のメインストリート周辺なら市営神明駐車場、東山寺町なら市営空町駐車場、吉島家住宅周辺なら市営弥生橋駐車場が近い。料金はいずれも普通車で30分150円(20:00〜翌8:00は1時間50円)。

---

歴史情緒あふれる町並みを楽しむ

# 飛騨古川の交通

高山から特急で15分で着くJR飛騨古川駅が拠点。
車で訪れる場合は無料の駐車場を利用しよう。

## 駅や駐車場から歩いて5分で古い町並みへ

見どころはJR飛騨古川駅から約500m内に集結している。

### 駐車場情報

飛騨市役所前駐車場やJR飛騨古川駅の東側にある若宮駐車場が無料で利用できる。

アクセスと交通

## 飛騨屈指の湯の町を満喫
# 下呂温泉の交通

**温泉街は徒歩で移動できるが、
バスの情報を事前に把握しておくと便利。**

### 下呂駅前の観光案内所で情報を集めよう

JR下呂駅から温泉街の中心部までは歩いて5分ほど。中心部から離れたスポットは濃飛バスなどを利用しよう。

**濃飛バス(合掌村線)**
下呂駅を出発し、阿多野川沿い、いで湯朝市を経由して下呂温泉合掌村を結ぶ循環路線。1時間に1～2本(9:10～16:40)運行しており、1回100円で乗車できる。
濃飛バス 下呂営業所 ☎0576-25-2126

**駐車場情報**
温泉街では市営下呂温泉駐車場または中央駐車場(いずれも有料)を利用できる。合掌村方面には終日無料の駐車場も。

## 合掌造り集落を巡るなら知っておきたい
# 白川郷・五箇山の交通

**集落の入口にあるバス停や駐車場から歩いて
集落内を移動するのが基本。**

### バスを上手に利用して集落を訪れたい

集落間をバスで移動するときは、事前に時間を確認しておこう。また観光バスなら効率よく世界遺産めぐりを楽しめる。

**世界遺産バス**
五箇山を経由して富山県の高岡駅と白川郷を結ぶ。料金は白川郷から菅沼まで870円、相倉口までは1300円。菅沼～相倉口は570円。
加越能バス乗車券センター ☎0766-21-0950

**定期観光バス**
高山濃飛バスセンター発着の白川郷と五箇山を巡るバスツアー。
●世界遺産 白川郷と五箇山相倉
価格:8000円　出発時間:8:30　到着時間:15:50
濃飛バス予約センター ☎0577-32-1688

**駐車場・道路情報**
各世界遺産集落の入口にある駐車場は有料。休日やイベントのときは周辺道路が混雑する。白川郷の荻町合掌造り集落内は観光車両の乗り入れを9～16時の間で規制している。

## 清流に恵まれた町を旅する
# 郡上八幡の交通

**散策をのんびり楽しむために、
駐車場と循環バスについて知っておきたい。**

### 郡上八幡城下町プラザを起点に散策する

郡上八幡城下町プラザから各スポットまでは歩いて5～15分で行ける。必要に応じてまめバスを利用するのもよい。

**まめバス(赤ルート、青ルート)**
長良川鉄道の郡上八幡駅から観光の拠点になる郡上八幡城下町プラザまでは10～15分(1回100円、1日乗車券200円)。ほかにも旧庁舎記念館や博覧館も経由する。
郡上市役所 ☎0575-67-1121

**駐車場情報**
郡上八幡城下町プラザや旧庁舎記念館の駐車場など市街地各所にあり利用できるが、郡上おどり期間は利用できない駐車場もある。

## 各温泉エリアをつなぐバスが走る
# 奥飛騨温泉郷の交通

**大自然のなかに点在する
個性豊かな5つの温泉地を効率よく巡る。**

### 滞在目的や期間に合った乗車券を購入

高山濃飛バスセンターから各温泉地を経由して、新穂高ロープウェイまで結ぶバスが運行。お得な乗車券も充実。

**濃飛バス(平湯・新穂高線)**
1時間に1～2本運行し、平湯温泉から新穂高温泉(ロープウェイ)までは約36～45分。各温泉地間の運賃は160～910円。

※一部の便は福地温泉を経由しない
濃飛バス 高山営業所 ☎0577-32-1160

**濃飛バスのお得な乗車券**
奥飛騨温泉郷をお得に巡ることができるフリー乗車券や新穂高ロープウェイの利用券が付いた乗車券などが利用できる。
濃飛バス お得な乗車券 www.nouhibus.co.jp/hida/ticket/
●高山・新穂高2日フリー乗車券
価格:4400円　有効期限:2日　乗り放題範囲:平湯・新穂高線(高山濃飛バスセンター～平湯温泉バスターミナル～新穂高ロープウェイ)　発売場所:高山濃飛バスセンター

**駐車場・道路情報**
駐車場は各施設に併設されているものを利用しよう。冬の積雪や凍結、通行止めには注意が必要。

# INDEX

# STAFF

**編集制作** Editors
(株)K&Bパブリッシャーズ

**取材・執筆** Writers
地球デザイン(篠原史紀　篠原由美)
田神聖子　沖﨑松美

**撮影** Photographers
地球デザイン(篠原史紀)
風光一宇　水野直樹

**執筆協力** Writers
遠藤優子　河野あすみ　好地理恵

**編集協力** Editors
(株)ジェオ

**本文・表紙デザイン** Cover & Editorial Design
(株)K&Bパブリッシャーズ

**表紙写真** Cover Photo
PIXTA

**地図制作** Maps
トラベラ・ドットネット(株)
DIG.Factory
フロマージュ

**写真協力** Photographs
関係各市町村観光課・観光協会
関係諸施設
PIXTA

**総合プロデューサー** Total Producer
河村季里

**TAC出版担当** Producer
君塚太

**TAC出版海外版権担当** Copyright Export
野崎博和

**エグゼクティヴ・プロデューサー**
Executive Producer
猪野樹

## おとな旅 プレミアム
### 飛騨高山・白川郷 飛騨古川・下呂温泉　第4版

2024年3月5日　初版　第1刷発行

著　　　者　TAC出版編集部
発　行　者　多　田　敏　男
発　行　所　TAC株式会社　出版事業部
　　　　　　　（TAC出版）

〒101-8383 東京都千代田区神田三崎町3-2-18
電話　03(5276)9492(営業)
FAX　03(5276)9674
https://shuppan.tac-school.co.jp

印　　　刷　株式会社　光邦
製　　　本　東京美術紙工協業組合

©TAC 2024　Printed in Japan　　ISBN978-4-300-10976-2
N.D.C.291　　　　　　　　落丁・乱丁本はお取り替えいたします。

本書に掲載した地図の作成に当たっては、国土地理院発行の数値地図(国土基本情報)電子国土基本図(地図情報),数値地図(国土基本情報)電子国土基本図(地名情報)及び数値地図(国土基本情報20万)を調整しました。